CREANDO DESPUÉS DEL ABUSO

CÓMO SANAR LOS TRAUMAS Y CONTINUAR TU VIDA
CUANDO TODO LO DEMÁS HA FALLADO

2DA EDICIÓN

DRA. LISA COONEY

Este libro va dedicado aquellos que han estado viviendo en "jaulas invisibles", pero que ya se sienten preparados para salir de ellas, aceptando que ellos (tú) son la única llave que las puedan abrir. Así es, tú mismo eres la llave para lograr liberarte, no solo de esa jaula, sino de cualquier cosa que te ate y que no te deje crear una vida de bienestar. Es tu elección y decisión ya no ser más la víctima de esos presagios que te impiden ¡Vivir Tu ROAR!

DESPUÉS de haber vivido experiencias de abuso, ahora más que nunca, ha llegado ese momento de iniciar un proceso de creación, y así no dejar que el estruendo pasado siga dictando tu futuro.

¿Y qué pasaría si esos traumas del pasado turbio más bien los vieses como una posibilidad de crecimiento? Eso es lo que vengo a aceptar y elegir.

Estoy profundamente agradecida con Access Consciousness®, con ThetaHealing ™, y con todos los que han contribuido desde siempre con ROAR (por sus siglas en inglés).

¡Y a ti, mi querido lector! ¡Te invito a crear el mundo que será posible para todos!

RECONOCIMIENTOS

Este libro tuvo un muy largo período de gestación, pues tuve que dedicarme a crear mi vida y empresa después de pasar y superar mis experiencias traumáticas de abuso. Ha tardado mucho en hacerlo, pero valido la pena, pues estoy muy agradecida por todos los altos y bajos que he sufrido y por este libro maravilloso que me ha guiado con tanto amor.

Me enorgullezco conmigo misma por no haberme rendido ni dar mi brazo a torcer, pues estoy decidida a mostrar y a compartir posibilidades diferentes sobre cómo sanar y crecer, tras vivir décadas de un pasado tortuoso, en el que experimenté varios abusos.

Una vez que se identifica y reconoce 'la jaula' en la que se ha estado viviendo, se comienzan a abrir nuevos espacios para la sanación y a posteriori, abren los procesos de crecimiento. Reconozco que todos tenemos un don, una idea o una contribución para lograr los cambios de sanación que tanto necesita este planeta y este libro forma parte de ello. Doy la bienvenida a tus contribuciones y espero que este libro te ayude e impulse a lograrlo. Las experiencias vividas por causa de abusos no deben representar el fin, más bien, deben ser el comienzo de un renacer en tu vida que te marque un nuevo ciclo sin precedentes.

Así que adelante, que llegue a ti la creatividad, pues es así como vas a erradicar tus historias tormentosas del pasado. Nunca te detengas, vive tu verdad.

Y durante el proceso te preguntarás, ¿cuáles elecciones puedo hacer diferentes? Y cuando las elija, ¿cómo puedo sacarles provecho?

INTRODUCCIÓN

Pasé gran parte de mi vida adulta buscando formas de sanar mis traumas por causa de mis experiencias de abusos. Así como la gran mayoría que conozco, buscaba sanarlos por otros medios, sin darme cuenta de que yo era el único recurso que lograría mi curación. Cuando iba a talleres, o buscaba a otros terapeutas, o aprendía de otros maestros, de algún modo creía que allí encontraría la clave para sanarme, y, sin embargo, la clave para sanar la tenía yo misma y sin darme cuenta. Por eso son puras falacias las que te cuentan por ahí, de que la cura la encuentras con recursos externos. Si continuas en búsqueda de esos recursos, quiero que sepas que en este libro vamos a explorar un método totalmente diferente. Voy a mostrarte que hay una manera, no sólo de desvanecer tu historial de abuso, sino también de aprender a "vivir radicalmente". Existen una serie de mitos que te los has estado creyendo hasta ahora sobre cómo sanar los traumas de abuso y este libro te los va a contar todo:

- **El primer mito es que tienes que resolvértela solo.** Si te has creído ese "complejo de sobreviviente", te la pasas batallando y resolviendo todo por tu cuenta. La nueva tendencia en sanación es reconocer que tú no puedes con tanto y que definitivamente necesitas ayuda.

- **El segundo mito es el de creer que ya no existen otras alternativas para ti, que ya no hay soluciones,** es decir, que no puedes escoger algo diferente en tu vida y solo reaccionas en modo automático y en medida preventiva. Pues como menciono en este libro, siempre tendrás la opción y el derecho de elegir por ti. Puede que hasta ahora no has estado consciente de que puedes hacerlo, y mucho menos de cómo hacerlo. Nada más importante en este mundo y en tu vida que elegir por **tu propio bienestar** y que lo que elijas sea lo más grandioso para ti.

Mi perspectiva es recalcar lo que siempre se ha tapado descaradamente y a adrede. Y me refiero a todas las formas de abuso que hoy en día siguen pasando y tolerándose.

Cuando hablo de abusos, no me refiero solo a las formas conocidas de agresión física y sexual, sino a las aceptadas libremente en la sociedad, que nos manipulan, controlan y oprimen. Existen muchos rostros y facetas, como el trato pasivo-agresivo con el que hemos aprendido a comunicarnos. Como estamos acostumbrados, muchos creen que es un comportamiento normal, del cual no debemos preocuparnos, cuando son tonos irónicos que implican que algo no está bien y que tal vez, te digan lo contrario después y en privado. O que alguien te trate amable y cordial y te dedique atención siempre y cuando hagas exactamente lo que esa persona te pide que hagas y en el momento que quiera, o cuando hagas algo que a la otra persona no le guste, y después te señale con un gesto de 'no' con la cabeza, y se aparta de ti y después no te dirige la palabra. Tal vez te dicen después que si puedes hacerlo, pero puede que te castiguen por no tu no haber elegido lo que ellos querían o tenían en mente.

La consecuencia de todo esto es que muchos de nosotros estamos dentro de lo que yo llamo la *"jaula del abuso"*. Esa jaula, la cual exploraremos a lo largo de este libro, es una especie de "escudo invisible" en el que los sobrevivientes de abusos se envuelven inconscientemente. Lo único que conocen es una sensación de bloqueo, limitaciones y una carga enorme. La vida no se siente tan radiante como debería, y no tienen la menor idea del por qué. Y dicen que esa es la verdadera causa de las enfermedades, problemas de salud mental o cualquier desgracia.

Cualquiera que sea el caso, arrastramos un profundo pesar y un sentimiento de sentirnos equívocos y que realmente pertenece a quien nos hizo daño, más sin embargo lo sentimos como si fuese nuestro. Y así vamos planificando nuestras vidas en base a ese estado interno de equivocación. Y el resultado de todo esto es que acabamos dándole demasiado poder y atención a quien nos hizo daño, y no le dedicamos la verdadera consciencia a nosotros mismos.

Si has experimentado cualquier clase de abusos, lo más probable es que hayas aprendido estrategias que te han ayudado a sobrellevar, a tolerar y a funcionar dentro del mismo entorno abusivo. Por ejemplo, si te dicen que te calles cuando empiezas a hablar, lo más probable es que tiendas a hablar menos o que hables sólo cuando estés seguro de que todos estén de acuerdo y que nadie vaya a discrepar. O si cuando estás alegre y la estás pasando bien, pero alguien viene y te dice que bajes el tono y ahí tú te inhibes y controlas, y te resulta lamentable, porque es un turbo mensaje de que la felicidad y el entusiasmo son malas reacciones, que no están bien vistas y que molestan a los demás.

Irónicamente, aprendemos a doblegarnos y a adaptarnos para caber bien en la jaula. Es decir, sólo somos capaces de ser felices si los demás lo son, o no visualizamos las situaciones como realmente lo son y, en cambio, debemos fingir que todo esté bien (incluso cuando sabemos que no lo está), y así renunciamos a los sueños y deseos por los cuales otras personas nos juzgarían.

Hasta que no seamos conscientes de los sistemas de creencias y limitaciones que hemos asumido y aceptado dentro de esa jaula, seguiremos atrayendo a que nuestra vida siga tomando decisiones desde allí adentro.

- Si creemos que no valemos la pena y que no somos lo suficientemente buenos para ser amados, siempre permitiremos que en nuestras vidas haya personas que nos juzguen o critiquen, como nuestros padres y/o familiares.
- Si creemos que hay algo malo o negativo en nosotros, encontraremos y atraeremos a personas que se sientan o sean de la misma manera.
- Si creemos que cada vez que somos felices, nos ocurrirá algo malo, atraeremos entonces a personas que les dará envidia tu felicidad y hasta podrían hacerte daño por ello.

- Si creemos que todo lo que nos ha pasado es por culpa nuestra, encontramos a personas que no son dueños de sus actos y terminan echándole la culpa a los demás por la manera en que se comportan o actúan.

Hasta que no seamos conscientes y salgamos de ese letargo, pues siempre sufriremos. En este libro te enseño que cuando tenemos la capacidad de elegir conscientemente, es cuando todo empieza a cambiar para mejor.

Este proceso requiere persistencia y determinación, yo le llamo *tenacidad de consciencia*, y es precisamente reconocer esa jaula en la que se ha vivido de una forma determinada y la que, hasta ahora, te ha mantenido cautivo, diminuto y lleno de limitaciones. Mi objetivo es ayudarte a que te des cuenta de que tienes la capacidad de crear una nueva realidad y de que puedes desprenderte de las viejas estructuras y mentiras que hasta ahora te han mantenido encerrado y bloqueado.

CÓMO FUNCIONA ESTE LIBRO

Este libro te ayudará a salir de esa jaula invisible, pero antes de hacerlo, tienes que reconocerla, abrazarla, reconciliarte con ella, saber que existe. Mi perspectiva es ponerle nombre a algo que nunca lo ha tenido, pues una vez que lo tenga, podemos analizarla y reconocerla. Te has sentido preso dentro de sus barrotes, pero no hay duda de que puedes salir de ella. Tú no te das cuenta de que estas metido allí, pues mientras te retiene y moldea en cada una de tus acciones y decisiones, cada uno de tus pasos y pensamientos, etc. Le da forma a un supuesto modo de vida que no es parte de ti ni te pertenece.

Si sientes que has estado en una jaula similar hasta ahora, quizás creas y sientas que es tu única manera de vivir y de que no existe otra opción para ti. Esa idea de poder elegir les cuesta creer a la mayoría de las personas con las que he trabajado, pues le parece confusa e inalcanzable porque nos han vendido el mito de que, por haber experimentados abusos, nuestras vidas estarán plagadas siempre de sufrimiento. Pues es bien probable que tu vida, hasta ahora, te ha dado pruebas de que funciona así y que la toma de acciones y capacidad de elegir es un fenómeno que probablemente nunca te hayas planteado.

Sin embargo, este libro no sólo te va a mostrar cómo saber y poder elegir de manera fehaciente, sino que también te va a revelar las herramientas para lograrlo.

Tal vez hayas invertido una gran cantidad de tiempo, dinero y energía intentando sanar esos traumas, pero, hasta ahora, no hayas tenido los resultados que esperabas. Muchas de las herramientas y prácticas tradicionales nos enseñan a que debes curarte y arreglártelas por tu cuenta, para así recuperar ese algo que supuestamente has perdido en el camino y así puedas ser libre. Cuando adoptas este modelo, asumes que hay algo malo en ti y buscas soluciones externas para arreglar ese problema que se convierte en un pozo sin fondo del que nunca saldrás porque nunca te llegas a sentir pleno, pues una parte de ti está perdida e incompleta. Te sientes como dando vueltas en un círculo vicioso, preguntándote si alguna vez aquello terminará y esperando con ansias el día en que finalmente sanarás.

He logrado obtener un doctorado en psicología y en mis estudios e investigaciones, estoy al tanto de las creencias actuales tradicionales y sus limitaciones en cuanto a lo que se necesita para sanar hoy en día. Por ende, yo voy más allá de esas limitaciones y mi invitación es que me acompañes más allá de esos bloqueos y mires hacia el nuevo paradigma de *vivir radicalmente*.

Este libro llega para vencer las viejas tendencias y descubrir que no necesitas recuperar ni arreglar nada en lo absoluto. Compartiré contigo cómo descubrir tu capacidad y derecho a elegir para renacer y convertirse en un ser completamente nuevo y diferente. Aprenderás a tomar la decisión de terminar fulminantemente con el acto o continuación de abusos, y así no permitir más que esos traumas dominen tu vida.

El modelo de *vivir radicalmente* que te presento en este libro requiere la voluntad de tener libre albedrío y de tomar consciencia. Se trata de que lo que vayas a elegir no tenga que ver con tus traumas pasados y en este libro encontrarás las herramientas para lograrlo. Ahora bien, no sigas leyendo este libro si estás buscando soluciones rápidas o esperas sanar prontamente de la noche a la mañana. Se requiere de prácticas diarias en pleno estado de consciencia y en donde estés al tanto y claro de tu propia capacidad de elegir en el presente, para que abra tu camino hacia un sinfín de nuevas oportunidades.

Voy a poner en contexto las vivencias de abusos en un modo totalmente diferente, tal vez nuevas para ti en cuanto al uso de palabras, pensamientos, sentimientos y estrategias de superación, pues cuando las escuches de ese modo, tal vez sientas un alivio que te guiará y abrirá las puertas a una forma distinta de percibir el mundo, pues creará un cambio rotundo en tu percepción y realidad.

Gran parte de nuestro trabajo en equipo comienza por la toma de consciencia. En la primera parte, examinaremos nuestro nivel interno, el cual yo defino como las cuatro Des[1] : *negarse, defenderse, desconectarse y diso-*

---

1. *N. del T. Las 4 Des, por sus siglas en inglés: Denying, Defending, Disconnecting and Dissociating*

, y también exploraremos algunas de las emociones tradicionales como la vergüenza, ira, rabia, tristeza y miedo que nos acompañan siempre. En la segunda parte, veremos cómo esos traumas siguen moldeando e impactando nuestras vidas externamente, incluyendo la salud y relación con nuestros cuerpos, relaciones sentimentales y sexualidad, dinero y finanzas, carrera, etc. Y finalmente, en la tercera parte, veremos cómo ir más allá de esos traumas y entrar en modo de *vivir radicalmente*. Iniciaremos una conversación impactante y generadora de esperanza, y mostraremos cómo podemos acceder a una nueva forma plena de vivir. Descubriremos cómo cambiar para no actuar más desde el viejo paradigma del que hubo antes (el pasado) sino, más bien, experimentando la vida desde un nuevo estado de consciencia y conocimiento. Serás capaz de vivir más en el presente y dejar esos patrones familiares de siempre "evadir" que, en esencia, una forma de no reconocer tu vida. Exploraremos todo lo anterior en el contexto de salir y escapar de tu jaula, esa que te mantiene preso, para que así puedas entrar al mundo de *vivir radicalmente*, donde generas tu vida desde el libre albedrio y que va más allá de lo que puedas soñar e imaginar.

PARTE I

CAUTIVOS EN LA JAULA DE ABUSOS

LA JAULA INVISIBLE

¿Te ha pasado que te levantas por la mañana y sientes como en un letargo, pues las cosas no andan funcionando bien? ¿sientes que todo te sale mal? Pues te cuento que todo ello se llama prejuicios, que son características inminentes de que vives en una "jaula invisible". Pero, sin embargo, irónicamente lo que realmente anda mal es cuando te estás juzgando a ti mismo.

Los prejuicios son energías maliciosas, a la vez que perspicaces y cuando los utilizas contra ti mismo, te conviertes en tu propio carcelero eterno, atrapado en la falsa creencia de que estás lleno de defectos, siempre estás cometiendo errores y careces de valor, es decir, no vales la pena. Si continúas pensando que todo está mal continuamente, entonces pones de manifiesto que realmente sí lo está, y terminas creyendo que tienes razón. Hay una parte innata en nosotros que nos hace ver todo en negativo y es una conducta normal, la cual estamos totalmente acostumbrados.

El problema con los prejuicios es que te privan de libertad y de expandirte hacia nuevas oportunidades y en su lugar, te mantiene diminuto, achacado y yendo contra la corriente.

Superar los prejuicios es clave para liberarse de la jaula invisible y superar los traumas de las historias de abuso y a lo largo de este libro, vamos a descubrir esos prejuicios que te infliges a ti mismo y a los demás, así como también los resultados inesperados, pero directos (punzantes), y lo que trae como consecuencia. Luego, descubriremos las formas en que puedas deshacerte de ellos, para que funciones desde el "ahora", en lugar de hacerlo desde tus experiencias pasadas.

Ven conmigo que conozco bien el camino.

Tan solo tienes que seguir la luz.

MI HISTORIA

"¿Estás bien?", me preguntó.

Parecía una pregunta sencilla. Pero la verdad es que era

la primera vez que alguien me lo preguntaba. En ese momento yo tenía 21 años.

Hice una pausa y me enfoqué en la pregunta. La respuesta, por supuesto, fue un *no* rotundo. Realmente no estaba bien. Y mientras estaba allí sentada en el consultorio de mi psicólogo especialista en violencia familiar, me pregunté si alguna vez lo había estado.

Ese momento fue un punto de inflexión, en el cual iba a comenzar un viaje apoteósico, no sólo para sanar mis propios problemas, sino también para ayudar a innumerables personas de todo el mundo a que hicieran lo mismo. Fue como si alguien viera por fin más allá de mi fachada, de mi velo atravesado. Ya no podía esconderme del dolor ni tampoco podía apartarlo. Me puse a llorar por primera vez en muchos años, pues había aprendido que no era bueno llorar, era algo que no me atrevía a hacer delante de mi madre, pues las consecuencias eran demasiado graves.

Hasta ese momento, había vivido en una jaula invisible. Obvio que no ha sido una jaula real, lo digo en sentido metafórico como lo he explicado anteriormente. Si sigues atrapado en tus traumas de abusos hasta este momento de tu vida, probablemente sabes a lo que me refiero. Es algo de lo que también muchas personas que se han conectado conmigo a través de mis talleres, terapias y programa de radio se han sentido identificados: esa jaula invisible y fachada que se crea en nuestro interior debido a nuestros traumas pasados. Es un opresor silencioso que nos termina definiendo y achacando.

Hasta ese momento, mi vida había estado plagada de abusos físicos, emocionales y sexuales. Hoy puedo compartir mi historia desde un lugar totalmente diferente y desde el lado de la sanación, siempre considerando que —aunque soy consciente de mis detonantes emocionales que me dificultan tomar decisiones coherentes— todavía debo utilizar las herramientas y técnicas que se ofrecen en este libro, pues nada cambia de la noche a la mañana porque es un proceso constante.

Al igual que muchos niños que han sufrido abusos, los míos provienen de muchos matices. Pero sorprendentemente, las vivencias con mi madre han sido las que más me hayan afectado.

Mientras crecíamos, siempre nos enseñaron a no decir nada sobre lo que pensábamos o sentíamos y si lo hacíamos, terminaban golpeándonos y maltratándonos. Mi madre sentía iras que provenían de un trastorno de personalidad que nunca fue diagnosticado y no ha sido casualidad que más tarde yo terminara estudiando psicología y fuese yo quien finalmente la diagnosticara.

A pesar de que llegué al grado máximo posible en mi educación obteniendo un doctorado, la percepción y comportamiento que mi madre tenía de mí, me hicieron creer que yo era, en cierta forma, sumisa y estúpida, y fue una creencia que me acompañó durante toda mi infancia. No había ninguna faceta en mi vida que no estuviese marcada por sus patrones de conducta. Un ejemplo fue cuando estaba aprendiendo a escribir, mi madre me golpeaba en la cabeza si no mantenía el lápiz dentro de las líneas del papel. Su actitud con respecto a mi aprendizaje me hizo ser totalmente introvertida en la escuela ¿Conoces a esos niños que siempre están soñando despiertos y se la pasan solos? Pues así mismo era yo.

Cuando recuerdo mis crisis emocionales de aquel entonces, la mejor manera de describirlo sería decir que no me pasaba ni tenía nada y así fui aprendiendo que lo mejor y más seguro era encerrarse en sí mismo. Rara vez hablaba con alguien, me la pasaba totalmente aislada y cuando me imaginaba situaciones, siempre eran en mi contra, por ejemplo, sentándome en mi casa de Brooklyn mirando la chimenea, me imaginaba que las llamas fuesen demonios que salieran de la chimenea para quemarme.

Los incidentes que afectaron mi educación y aprendizaje fueron leves en comparación a otros problemas que enfrenté. En los momentos en los que mi madre se volvía más fúrica, rompía de ira y me golpeaba muy fuerte. Hubo momentos en los que hasta me arrastraba por el suelo, jalando de mis cabellos, mientras mojaba mis pantalones del pánico que sentía. Mi vida se parecía mucho a la de un animal en modo de supervivencia, ese que se resguarda para protegerse en todo momento.

Como muchos niños que se enfrentan a situaciones similares, yo fantaseaba siempre con la idea de morir, irme de casa, o cualquier situación que me ayudara a escapar de las garras de mi madre. Me recostaba e imaginaba todas las formas posibles de morir. La única razón por la que no acabé con mi vida fue porque tenía demasiado pavor de hacerlo. Sin embargo, mi único intento de suicidio se produjo más adelante, cuando intenté ponerme delante de un autobús, y fue como si de pronto algo o alguien me hubiese empujado, a pesar de que no sentí a nadie cerca en ese momento. Ese momento crucial se convirtió en una de las señales más determinantes e importantes que tuve en mi vida, y a su vez la que me puso en el camino hacia la sanación que, con el tiempo, desembocó hacia distintas direcciones. De modo que me empeñé en realizar un doctorado en psicología y, posteriormente, exploré modalidades alternativas, las cuales tienen todas que ver con el mundo espiritual, tales como Hipnoterapia, Chamanismo, Theta Healing y Access Consciousness®. Cada una de ellas me proporcionó herramientas y técnicas, las cuales me ayudaron a revertir mi consciencia y así avanzar hacia el bienestar y una vida en plenitud.

De modo que uno de los descubrimientos más importantes realizados en este proceso de sanación ha sido reconocer la existencia de lo que definimos como la "jaula invisible".

DEFINIENDO LA JAULA

La defino como 'invisible', porque, a pesar de que vivía allí dentro, como prisionera silenciosa, ni siquiera era consciente de que existía en mí. Tardé décadas en definirla, me costó mucho darle forma y fondo, para lograr compartir el concepto con los demás. Mismo así, cada vez que explicaba a personas que han pasado por lo mismo, estas se sentían totalmente identificadas, y sus rostros se marcaban con gestos de alivio. Tal vez tú mismo estés pasando por una experiencia similar mientras vas leyendo estas palabras.

De manera es que esa jaula es como un fantasma que te susurra constantemente al oído cuando enfrentas problemas. Y a pesar de que la vida se te torne buena en momentos dado, la jaula siempre sigue ahí y nunca deja de molestar. Es más, se vuelve más sólida, porque si continuas cautivo viviendo allí, te retiene en ese espacio que te resulta familiar, pues se convierte en zona de confort porque sientes protección. Vivir dentro de la jaula es vivir sin voz ni voto. Por supuesto que puedes interactuar con quien te rodea, sin embargo, hay una parte de ti aislada, silenciada, apartada de la realidad, la cual se encuentra amortiguada, desplomada y adormecida. Cuando te encuentras cautivo, todo se torna destructivo, manteniéndote alejado de la posibilidad de crear libremente y limitándote a "vivir una realidad sin capacidad de elección".

De modo que esa jaula está plagada de carencias, limitaciones y mentiras, porque allí están guardadas nuestras finanzas, carreras, decisiones de vida, relaciones, etc., y así actuamos y nos comportamos en base a lo que nos dicte ese espacio de encerramiento. Es decir, alejamos y desechamos todo lo positivo, por ejemplo, no elegimos el negocio que nos resulta conveniente, rechazamos relaciones sentimentales que tienen el máximo potencial para hacernos felices. Nos preguntamos constantemente por qué todo nos sale mal, cuando lo que sucede realmente es que estamos enclaustrados en una jaula que está diseñada para bloquearnos: alejamos un sinfín de posibilidades buenas y respondemos siempre con un "no" desde un espacio de miedo y limitación en lugar más bien de abrazar la vida y responder "sí" desde un lugar de expansión. Sacamos nuestras propias conclusiones, sin ni siquiera hacernos previamente las preguntas, pues lo damos todo por sentado. Reaccionamos en base a nuestras experiencias pasadas y así nos vamos moldeando y comportando. Por ejemplo, estando en la calle nos topamos con alguien que no conocemos y de pronto nos empezamos a sentir amenazados y asustados y entramos en shock sin saber por qué. Pues resulta que lo que ha sucedido es que has percibido el mismo aroma del perfume que llevaba esa persona que abusó de ti y que te ha transportado a ese recuerdo.

Y sí, el dolor de vivir dentro de esa jaula puede ser tan hondo, que, en momentos dados, pudiésemos elegir cortar de raíz nuestras vidas, pues la muerte pareciera ser la única salida considerando el suicidio. Al igual que esas personas que han perdido las ganas de vivir y conociendo a muchas que lamentablemente tomaron la decisión de suicidarse, con todos estos acontecimientos, yo me tuve que esforzar para experimentar una transformación monumental de mis propios problemas.

De modo que cuando no podemos desaparecer a la bestia que hay dentro de nuestra jaula, nos adormecemos y alejamos, para así evitar y apaciguar el dolor, continuando cautivos en ese cascarón. Y entonces tendemos a comer en exceso, caemos en el alcohol, drogas o nos volvemos dependientes de medicamentos para evadir nuestra situación aún más. Incluso es asiduo que nos pasen incidentes menores, como cortarnos un dedo picando vegetales con el cuchillo, o chocar con alguien en el estacionamiento, inclusive hasta cosas peores. Y todo ello ocurre porque, inconscientemente, saboteamos todo e intentamos llamar la atención. Pero una vez que aprendemos a ya no sentimos ausentes y nos alineamos con nuestra verdadera esencia, ya no "necesitamos" continuar con estos modelos de conducta, pues en ese espacio de apalancamiento y negación, creamos otra capa que nos bloquea de nuestra realidad, de quienes realmente somos. Entonces tu mundo en esa jaula se moldea en base a esa percepción de bloqueo y encierro, y cuanto más se te distorsiona ese mundo interior, más se desdibuja tu mundo exterior. Y así entramos en la negación, nos desconectamos de todo lo 'normal' que nos rodea: las relaciones sociales y sentimentales, las finanzas, incluso nuestra relación con la Madre Tierra también se tuerce. Defendemos a capa y espada esa supuesta realidad que hemos creado allí dentro, porque desde allí todo tiene un sentido debido a la supuesta protección que recibimos, aunque sea difícil explicar el cómo y por qué.

Una vez una participante en mi programa de radio describió toda esta situación así: "Me acabo de mudar a un lugar que me encanta, con una persona que quiero, y, sin embargo, me despierto todos los días triste y asustada, sin saber por qué".

Y esto es precisamente lo que se siente viviendo dentro de una jaula, que a su vez parece como una broma de mal gusto por el hecho de que, cambiemos lo que cambiemos en nuestra realidad externa, nuestro punto de referencia siempre seguirá siendo el mismo. Y entonces afirmamos cosas como: "Esto que sucede es maravilloso y me encanta y puede resultar una nueva oportunidad para mí, pero soy incapaz de alcanzarlo, pues vivo encasillado desde la angustia de lo que me ha pasado anteriormente".

EL ANTI-TÚ

Queremos decir con el "anti-tú", a ese personaje que se crea dentro de tu jaula, el cual definimos así porque precisamente ese ya no eres tú, pues no representa a tu verdadero *yo*. Allí simplemente eres una *versión* de ti mismo, pero no eres tú realmente. Por ejemplo, cuando yo sufría de sobrepeso, y no me refiero solamente a libras, sino también al peso emocional, mental y espiritual, aquella era una *versión* de mí. Pero al comenzar estos proyectos que ahora comparto contigo y "liberando" esos pesos de encima, ahora estoy más cerca de mi verdad – de mi verdadero yo. Y tal vez no te sientas ni luzcas como tu yo real porque la jaula también te ofrece y te coloca muchas máscaras que cubren tu rostro cuando te sientes acorralado y, por ende, te la hace llevar todo el tiempo como armadura que te protege del mundo exterior.

El "anti-tú" te coloca tantas capas que inclusive en una de ellas pareciera que no perteneces a este mundo y que estás relativamente muerto, pues todo lo que percibes desde ese espacio proviene de limitaciones y carencias y en lugar de vivir desde tu capacidad creativa, más bien te la controla, repele y rebota. Claro que todavía puedes interactuar y desenvolverte desde allí, pero siempre cometiendo el riesgo de pulsar ese botón que te manipula y destruye, viviendo desde un entorno destruyéndote a ti y a todo lo que te rodea, sintiendo que todo funciona bien, pues te encuentras en una zona de confort y prefieres no tomar riesgos, pues así recreas una vida ficticia que alguna vez ocurrió en tu mundo exterior.

Cuando el anti-tú se dispara, el entorno abusivo te atrapa y envuelve, y así lo vas sintiendo en la estructura energética de tu cerebro. En mi caso, lo siento en las glándulas pineal y pituitaria de mi cerebro; sentía cuando se desencadenaba y se volvía tan denso y pesado que rebotaba hacia mi sistema nervioso, deján-dome lista para el ataque, para defenderme y quedarme tiesa, para escapar e intentar huir del entorno.

Cuando habitamos en el entorno abusivo, todo nuestro alrededor gira en torno a nuestras experiencias pasadas, es decir, nuestro entorno exterior se invierte y nos convencemos de que todo lo que vemos y percibimos alrededor es verdadero, a pesar de que quienes nos acompañen alrededor lo nieguen rotundamente. Lo que parece cierto puede ser falso o viceversa. Confiamos en personas en las que no deberíamos confiar, y no confiamos en las que sí deberíamos. De pronto llegan a nuestras vidas personas que representan todo lo que hemos anhelado y, sin embargo, las alejamos inconscientemente porque conectarnos con ellas significa desprenderse de la jaula y ello nos hace sentir incómodos e inseguros.

Nuestro mundo exterior nos lleva constantemente a aquellas experiencias abusivas, por ejemplo, cuando miramos a nuestra pareja, nos viene aquel sentimiento de cuando fuimos flagelados y nos lleva a pensar lo que hicimos y sentimos que lo que estamos viviendo no lo merecemos y así retrocedemos a ese espacio abusivo. Nuestra realidad da un vuelco donde predomina un sentimiento negativo, sentimos culpa y nos alejamos y escondemos aún más dentro de las rejas de la jaula buscando seguridad, pero lo que realmente encontramos es más aislamiento.

La jaula se convierte en el lugar de los prejuicios que te recalcan que eres un ser que no vale la pena y así llevamos cargando esa sensación, que en todo caso pertenece a nuestros agresores, pero que desafortunadamente asumimos como propia. Cuando esto sucede, entregamos nuestro poder a quienes nos hicieron daño y alejamos nuestra propia consciencia, que es la que toma nuestras decisiones, pero estas no son tomadas en pro de nuestro beneficio. En realidad, no somos conscientes de hasta qué punto actuamos como si fuésemos otra persona y respondemos en base a lo que se nos ha inculcado y todo ello se convierte en reacciones o respuestas automáticas. No nos queda otro remedio, nos vemos obligados a hacerlo, pues asumimos las realidades de otras personas como si fueran las nuestras.

Cuando vives enclaustrado en la jaula de abusos, toda tu vida se ve afectada, pues se filtra a través de un lente de maltrato, y se va haciendo peor, con el sentimiento de culpa perenne. Seguro que alguna vez escuchaste esos típicos cuentos que dicen: "Tú eres dueño de tus actos y eres responsable de lo que te sucede". Cuando esa idea se perpetúa en ti, no hay nada que puedas hacer para deshacerte de ese pensamiento negativo. Así es como me sentía yo de niña, cuando viví toda clase de abusos y esa sensación no se me quitó hasta la adultez, pues esos traumas vivían perpetuados en mí. Se te mete en la cabeza que nunca podrás ser alguien quien pueda contribuir a un mundo mejor y más bien piensas que eres alguien quien no aporta ni vale nada. Todo esto te impide vivir radicalmente, porque no puedes salir de la jaula, que es la que te define desde su interior. Lo que la jaula realmente hace es repetirte todo el tiempo de que no vales o no sirves, etc. "Y mientras permanezcas en ese lugar, siempre serás y te sentirás con una víctima.

ACTIVIDAD: VIVIR DESDE EL PASADO DE ABUSOS

Cuando no estamos conectados con nuestra bondad natural, experimentamos una realidad distorsionada.

Escribe tus 5 principales conflictos y desafíos. ¿Cuántos de ellos se originan desde sentimientos negativos?

LO QUE PUEDES ESPERAR — DE ESTAR MUERTO EN VIDA...

Hemos aprendido a vivir muertos en vida, en lugar de elegir vivir radicalmente. Entonces, ¿cómo funcionamos cuando estamos muertos en vida? Postergando lo que sabemos que nos da bienestar pleno y la razón por la que lo evadimos es porque nuestras historias traumáticas nos hicieron creer que no vale la pena alcanzar el bienestar, pues no lo merecemos porque no valemos la pena. Te han programado para creer y funcionar así y así lo manifiestas, sintiendo que no puedes hacer nada al respecto.

…A VIVIR RADICALMENTE…

Cuando nos sentimos así de confundidos, no tenemos más opciones. Pero, como he dicho con frecuencia a lo largo de este libro, lo más valioso que tenemos es nuestra capacidad de elegir.

¿Qué pasaría si todos eligiésemos no estar más muertos en vida, no seguir más en piloto automático y deshacernos de la confusión que nos traen los hábitos destructivos? ¿Y si nos pudiésemos liberar de la jaula reconociendo que estamos atrapados en ella? ¿Y si tomáramos acciones determinantes que nos ayuden a derribar sus barrotes y así cruzar el puente que nos lleva al modo de vivir radicalmente?

Si algo te despierta y te hace abrir los ojos, pues tienes la oportunidad de elegir diferente, cuando te aferras, aceptas y lo abrazas, te terminas convirtiendo en ello. Podemos elegir una realidad diferente a la que nos dejó nuestras experiencias de abusos. Y la buena noticia es que podemos ser los catalizadores que contribuyan a eliminar y erradicar los abusos en todas sus formas y términos de este planeta. Y no me refiero solamente al abuso sexual, sino también al físico, mental, emocional, financiero, y al que te haces a ti mismo. No hay ningún criterio que afirme que un tipo de abuso es peor que otro, todos conducen al mismo fin: robarte la vitalidad y bienestar y plenitud. Y, mientras sigamos usurpando nuestra realidad y culpando a nuestros perpetradores de todo, entonces estaremos siempre manteniendo vivo los historiales de abuso.

De manera que, el peor mal en este planeta son los prejuicios porque en realidad son abusos hacia ti mismo, son destructivos porque ocultan quién eres realmente.

2

LAS 4 D

Si ves la jaula como un cuadrado, estas son las cuatro paredes que forman los barrotes y son las que precisamente te mantienen cautivo en tu antiguo historial. Cuando estás encerrado y bloqueado, tus ideas no fluyen, no puedes crear o generar nada diferente de lo que hay en ese espacio limitado. Y así es como te rebotas tus traumas y te conviertes en tu propio perpetrador y víctima a la vez.

NEGAR, DEFENDERSE, DESCONECTARSE Y DISOCIARSE

Cada una de las 4 D (negar, defenderse, desconectarse y disociarse) representan el único "muro" de contención en la jaula. Son mecanismos de supervivencia generados por nosotros mismos y que utilizamos para lidiar con los traumas de abusos en nuestras vidas. Comprender las 4 D es aceptar la estructura de la jaula invisible en la que has vivido hasta ahora y el objetivo de este libro es precisamente romperla y ello comienza con la toma de consciencia y aceptar de cómo esas 4 D te han mantenido encerrado en tu supuesta realidad actual.

#1 NEGAR

La negación es la primera integrante de las 4 D y tiende a suceder en varios niveles. No se trata de negar los eventos ocurridos, por supuesto que esa no es la intención, pero si sucede que tu mente en modo inconsciente categoriza lo que ocurrió para así poderle hacerle frente. De manera que el tipo de negación a la que me refiero es la de vivir en el presente, pero desconectado y aislado de tu cuerpo. Yo le llamo *divorciar* el cuerpo de la mente.

Cuando divorcias tu cuerpo de tu mente, lo que hace es que quienes han sido maltratados se sienten lejanos y dispersos, es decir, se vuelve un mecanismo de defensa que lo aprendiste cuando viviste tus experiencias traumáticas, pues negabas lo que sucedía para poder afrontarlo. Una vez que finaliza el acto abusivo, la negación continúa en varios niveles y la manera de salir de ella es simplemente volviendo a tu cuerpo. Pero primero hay que explorar y conocer las distintas formas en las que se manifiesta la negación.

Fantasía

Creamos mundos de fantasía como alternativa a la realidad en la que vivimos. Por ejemplo, en respuesta a mi propia crianza de abusos violentos, creé un mundo de fantasía propio en donde todo era hermoso y perfecto. Era un mundo soñado donde tenía la libertad de hacer lo que quería y donde me sentía que gozaba de algún superpoder y justo esos momentos eran cuando comenzaban a aparecer los delirios de grandeza, los cuales llamamos disociaciones y que son los aspectos más graves e impactantes de las 4 D.

Es así como durante la infancia, negamos lo que es real en nuestras fantasías y nos aferramos a nuestros mundos imaginarios.

En mi recuperación, tuve que hacer el ejercicio de reconocer mis fantasías, para así fusionarlas con la realidad. Por ejemplo, yo idolatraba a mi padre, lo tenía en un pedestal. Era mi héroe: brillante en los negocios y finanzas, además de ser sumamente divertido. Ello contrastaba con los sentimientos hacia mi madre, a quien odiaba profundamente porque, cuando mi padre llegaba a casa, lo único que ambos hacían era pelear y así ella terminaba echándole de casa. Lo que yo no sabía para ese entonces, era que cometía infidelidades y consumía drogas y alcohol. Con el paso del tiempo, comprendí que todo lo que no está en esta realidad es pura fantasía y vivir desde esa fantasía te enjaula en la negación y distorsiona aún más la realidad que te rodea.

Un ejemplo de cómo la gente se refugia en un mundo de fantasía es cuando cree que la vida se resolverá si te ganases la lotería, incluso es tal el refugio y escape que hacen planes en su mente en base a si eso ocurriese. Esta conducta impropia de refugiarse en una fantasía viviendo lejos de la realidad y del presente, ocurre aún más denso dentro de una jaula, y allí termina convirtiéndose en una negación rotunda.

Todo lo que creamos desde la fantasía y no lo manifestamos desde la realidad, nos termina limitando, acechando y confundiendo. En ese mundo de fantasía, creamos una profesión, una relación, tenemos determinado vehículo o un lugar donde queremos vivir. Sí, allí todo es maravilloso, pero nuestra realidad es otra, pues negamos y alejamos lo que realmente nos funciona, quizás por no pasar a la acción o no contar con un plan concreto, y tampoco estamos presentes con lo que tenemos y hacemos actualmente, no lo aceptamos ni apreciamos. De manera que la negación se manifiesta en muchos niveles.

. . .

Dos niveles de negación

Dependiendo de la gravedad del trauma o del tipo de abuso con el que se ha enfrentado una persona, la negación se manifiesta en dos niveles:

1) Alterar la entrada y salida de la negación. Vives tu mundo mezclando realidad y fantasía constantemente y como ello crea tanta confusión, desencadena y retorna a la jaula de la negación. Por lo general, aparece en el área de tus finanzas, relaciones sentimentales o salud.

Si todo lo anterior te parece conocido, quizás ya hayas trabajado tus problemas de abusos y comprendido que se puede desencadenar a un sentimiento de encierro. Entonces, tal vez ya seas capaz de manejar el concepto que explicamos de la jaula y ya no te domine tanto como lo hacía antes, a pesar de que aun continue ejerciendo cierto poder en ti. Pero lo importante es que ya reconoces que es posible cambiar y que haces lo que esté a tu alcance para lograrlo. Sin embargo, como se ha mencionado antes, los barrotes de la jaula siguen ahí con su poder.

. . .

2) Vivir en negación todo el tiempo. Cuando esto pasa se convierte en una fortaleza impenetrable, se vive encerrado y limitado todo el tiempo, es decir, la jaula es el único espacio que se conoce. No se puede percibir ni sentir un mundo fuera de sus barrotes, pues son fuertes y sólidos, nunca se derrumban.

En este caso, la realidad se moldea y distorsiona dentro de esa fortaleza. Así fue el caso de alguien que me envió un mensaje por Facebook antes de que yo estuviera a punto de dar una clase y que me decía que quería suicidarse. Para esta persona en particular, las paredes de la jaula eran muy densas y estaba claro que estaba y sentía cautiva sin ningún tipo de salida. Tenía la sensación de que todo era finito y llegó a la conclusión de que sólo existe una opción, no daba para más.

Transferir la negación a algo más

Una vez trabajé con una señora que había sido violada. Me dijo que no estaba tan molesta por haber sido "abusada sexualmente", sino que más bien, estaba molesta porque su abrigo se había estropeado durante el suceso y no podía conseguir otro. Como puede observarse, se refirió a la violación sufrida como "abuso sexual", lo que supone otro tipo de negación.

Entendí inmediatamente que estaba en modo negación. Sería fácil juzgarla cuando confesó que era por causa del abrigo y que ello era más importante que el evento en sí. Había trasladado su rabia al abrigo *pues* no tenía dinero para comprarse otro. Así actuaba su negación: su mente se centraba en lo que le había pasado al abrigo, no en lo que le había pasado a ella.

Una de las claves para entender la negación es reconocer con humildad dónde y cómo te encuentras. Mis pacientes y participantes en los talleres se terminan dando cuenta de que han estado viviendo en negación y ello les representa un shock, sobre todo, al principio. Encontrarse con uno mismo, corresponde al inicio de romper cualquier negación que se haya experimentado.

ACTIVIDAD: DESCUBRIR TUS ÁREAS DE NEGACIÓN

Las fantasías son historias que nos inventamos, pero que las terminamos viendo y sintiendo como verdaderas (cuando en realidad son puras mentiras) pero aun así no lo reconocemos y continuamos negando.

· · ·

Piensa si te has refugiado en alguna fantasía que no te permite vivir en el presente. ¿Qué tipo de fantasías te creas? ¿Cuándo empezaste a crearlas? ¿Qué propósito tienen?

¿En qué nivel de negación te encuentras? ¿Vives en negación las 24 horas del día o vas y vienes a cada rato?

¿Has transferido tus experiencias de abusos hacia otras situaciones o has evitado llamarlas por su nombre? ¿Qué apoyo necesitarías para darle el nombre justo a lo que has vivido?

#2 DEFENDERSE

La segunda de las 4 D es Defenderse, y posiblemente es la más fácil de detectar, porque funciona como una represalia inmediata a algo o alguien de nuestro mundo exterior. Es decir, es la expresión externa de nuestra agitación interna y aparece como arrebatos ocasionales en defensa propia. Para muchos, es como una postura en estado de alerta las 24 horas del día, es como el animal que está enjaulado y al que se le está atacando y molestando constantemente; defenderse es la expresión externa de su miedo y su mensaje determinante es: "si te acercas te mato".

· · ·

El puercoespín invisible

¿Sientes cierta inquietud e incomodidad cuando alguien se acerca a ti? Pues uno de los principales mecanismos de defensa para evitarlo, es estando en modo de "puercoespín invisible" porque nunca te has sentido seguro en tu entorno y así te has creado "púas" para protegerte. Cuando eras joven, las púas te mantenían alejado de quien te hizo daño, pero a su vez, también te alejaban del amor, dinero y todo lo que te beneficiaba a una distancia segura. Las creaste para protegerte, pero terminaban confundiéndote y provocando distorsiones que te hacían desconfiar de lo que tienes enfrente. Así que creaste esas "púas" en intentos de protegerte, y ello significa estar vigilante y alerta todo el tiempo, lo que desemboca en problemas de salud debido a agotamiento y trastornos renales, además de todos los conflictos que ya acarreas en tu vida cotidiana.

Aunque el modo puercoespín invisible sirva de defensa supuestamente exterior, también se pone a la defensiva internamente, pues las púas se te entierran y penetran todas tus cualidades tales como tu bondad, amabilidad, generosidad y gratitud, trayendo como consecuencia muchos sentimientos negativos tales como cinismo, depresión, ansiedad, problemas psicológicos, de salud, financieros, etc.

Debido a que este modo de defensa puercoespín lo has estado usando desde hace mucho tiempo, lo llevas arraigado como un sistema de respuesta programado y condicionado, pero que en realidad para lo que funciona es para bloquearte de tus expectativas y sueños. Las púas te impiden recibir la vida que anhelas porque la percibes como peligrosa o imposible de alcanzar y entonces termina convirtiéndose en un arma de doble filo pues te pinchan y hacen daño tanto externa como internamente.

En lo particular, recibir significaba afrontar prejuicios y también hacer lo que mi madre me ordenaba para así evitar que me golpease; recibir significaba ser y vivir su realidad con mi deseo desesperado de recibir cariño. Quería recibir de ella, pero cuando lo hacía, no era cómo lo deseaba, entonces mis púas de puercoespín se tornaban más filosas y firmes, tanto interno como externamente y, en consecuencia, me ponía yo más a la defensiva.

Derrotar ese mecanismo de defensa

Se puede derrotar ese mecanismo de defensa que nos hace tanto daño con humildad y buen humor, y debe ser humor ligero, para evitar que parezca como burla, pues si alguien se ríe inapropiadamente de tu actitud a la defensiva, puede resultar que actúes más receloso aún. Y eso es lo que suelo hacer con mis pacientes, intentando romper ese mecanismo con un poco de humor, eso permite que ese estado de alerta en el que vives las 24 horas del día se distraiga, desprograme y se vaya a tomar un café y así brindar el espacio necesario y dejar que el sistema nervioso se relaje.

Presta atención a esos videos de YouTube que muestran a perros abandonados. Primero se defienden gruñendo y ladrando, pero cuando se les muestra algo de amabilidad y cariño, tienden a comportarse menos a la defensiva. Y este es precisamente el tipo de enfoque que hay que adoptar con el puercoespín interior y esa actitud a la defensiva, por lo tanto, es posible que alguien te facilite en la tarea de ayudarte a que las púas bajen, se deterioren y desvanezcan.

ACTIVIDAD: TU PUERCOESPÍN INTERIOR

¿Con qué frecuencia respondes a la defensiva y con qué intensidad?

¿Hay momentos en los que anticipas el rechazo para protegerte de un supuesto "daño"?

¿Qué tipo de situaciones, personas y/o comentarios disparan a tu puercoespín interior?

¿Qué historias se repiten en tu consciencia sobre el don de recibir y qué mantiene a tus púas filosas y fuertes, listas para defenderte?

#3 DESCONECTARSE

Desconectarse es el arte de separar la mente de tu cuerpo y viceversa.

Cuando te desconectas, por ejemplo, comes demás para satisfacer una necesidad emocional, en lugar de comer porque tienes hambre, es decir, todo en tu vida sucede para evitar o evadir tu realidad y te encuentras con que te desconectas y desarrollas distracciones que te alejan aún más de tus prioridades.

Aprendiste a desconectarte cuando sufriste abusos. Esa era la forma que tenía tu cuerpo de escabullirse de ese acto para no vivenciarlo, no sentirlo presente mientras ocurría, pero el punto es que continúas haciéndolo aun después de que haya ocurrido, porque tu conexión errónea actual con tu cuerpo significa que éste recuerde lo sentido o experimentado. Esa táctica que supuestamente te ha mantenido a salvo, es lo que te impide optar por experiencias maravillosas y enrique-cedoras, inclusive aquellas que son placenteras para tu bienestar y tu cuerpo.

Entonces cuando te desconectas, te sientes aislado de tu cuerpo. Muchas personas que viven así, en ese estado de desconexión, dicen que sienten que no pueden sentir sus pies en el suelo, sienten una sensación como si vivieran fuera de su cuerpo, se sienten divididos, están allí pero no están realmente. Es decir, pueden desenvolverse y hacer vida cotidiana, pero los que te rodean perciben en ti un comportamiento extraño. Sucede lo mismo, cuando te encuentras con alguien desconectado, percibes de que cuando conversan, se muestra dispersa y lejana.

Si vives desconectado, es porque tu entorno te permite hacerlo. Recuerda que es tu cuerpo el que intenta mantenerse a salvo para no sentir aquello que experimentaste. Lo manifiestas bien sea con adicción a la comida, al alcohol, a las compras, drogas o medicinas, pues así encuentras maneras de desconectarte, especialmente cuando la conexión actual con tu cuerpo te está resultando tan incómodo.

Otra característica de vivir desconectado es que constantemente se te cruzan los cables, pues vives fuera de ti mismo y pierdes el contacto con tu ser auténtico y conexión innata con tu propio yo. Dices que no cuando quieres o debes decir sí o viceversa. Quizás te ríes cuando algo es triste y lloras cuando algo es alegre, todo se te intercambia, y lo que es peor, desarrollas un sentido del humor que no es grato y que puede caer mal. Me he dado cuenta de que algunas personas hacen bromas cuando hablan de sus experiencias abusivas, como, por ejemplo, con temas de violación. Si algo similar te ha ocurrido, es debido a mecanismos de defensa que has desarrollado y que te han mantenido aislado y desconectado.

Divorciarse de ti mismo

Uno de mis programas de radio tiene por nombre *Elige detener la locura de divorciarte de ti*. Lo presenté junto con Gary Douglas, el creador de la técnica Access Consciousness®. Lo que Gary destacó y explicó en el programa, es cómo nosotros acabamos creyendo lo que nos han dicho sobre el abuso, es decir, nos han programado para creer que somos víctimas y el punto clave es que cuando tenemos esa mentalidad, nos abrumamos y encerramos dentro de esa energía. En el programa, Gary destacó:

Lo que sucede con las experiencias de abusos es que tienden a encerrarse en nuestros cuerpos, pues es quien las experimenta. De manera que lo convertimos en una realidad que nos pesa y recae, pues pensamos que así mejorará nuestra situación, cuando termina sucediendo lo contrario.

Nuestras experiencias traumáticas las volvemos relevantes, centramos toda nuestra atención en ellas y como no sabemos qué otra cosa hacer, las encerramos dentro de nosotros y las revivimos cada día y como resultado, nos estancamos en lugar de salir y ser libres. Permitimos que eso nos defina en vez de convertirlo en una oportunidad que nos impulse a tomar decisiones distintas y tengamos capacidad de elección, aquellas que nos empodere y nos conecte con nuestro talento y creatividad, más allá de las experiencias del pasado, y así reconocer lo que hemos aprendido.

En el programa, Gary también destacó esos patrones que nos han hecho creer que nuestras experiencias son lo más valioso que tenemos. Pero resulta que lo más valioso que tenemos es nuestra capacidad y acción de elegir y una de las estrategias para sanar esos traumas es dejar de definirnos por ellos y para ello, debes dejar de divorciarte y de desconectarte de ti mismo.

Cómo acabar con la desconexión

Para detener el patrón de desconexión, necesitas primero buscar y reconocer las estrategias que has estado usando hasta ahora. Cualquier cosa que te devuelva a tu cuerpo te va a hacer sentir más conectado, pero, en primer lugar, tienes que estar en sintonía y en bienestar con tu cuerpo y debemos ahondar por qué ha sucedido esa desconexión. Así que tenemos que observar las creencias limitantes que has sostenido con tus experiencias y como estas te han separado de ti mismo. Si te sugiero, por ejemplo, que dejes de embadurnarte con comida u otras distracciones, pero no te enfrentas al verdadero meollo del asunto, entonces es poco probable que rescates una buena relación con tu cuerpo.

Este libro está diseñado para relacionarnos de una manera distinta y coherente con nuestras experiencias de abuso y uno de los principales objetivos es ayudarte a superar y a salir de esa mentalidad de víctima que te tiene atrapado hasta ahora. Este cambio de perspectiva es lo que te ayudará a encontrar el camino de reconectarte contigo mismo.

ACTIVIDAD: IDENTIFICAR LAS FORMAS EN LAS QUE TE DESCONECTAS

¿Cómo se manifiesta la desconexión en tu cuerpo? ¿Sientes que abandonas tu cuerpo por completo cuando te desconectas o parcialmente? ¿Hacia dónde vas? ¿Sientes que la desconexión es constante o va y viene?

¿Qué parte de tu identidad se ha formado como víctima de experiencias de abusos? ¿A qué respuestas condicionadas te aferras en tu cuerpo, qué te hace sentir encerrado en tu actual forma de vida?

#4 DISOCIARSE

De las 4 D, esta resulta la más dominante, pues se trata de cuando las historias de abusos se encierran demasiado en tu cuerpo, pues nos encerramos dentro de la jaula en un estado extremo y constante de alerta, desde donde filtramos nuestra realidad. Es decir, una parte de ti vive desplegada, como en otro mundo y tiende a manifestarse en condiciones tales como el trastorno de estrés postraumático (TEPT).

La disociación es un estado constante de paralización y entumecimiento. Debido al alto nivel de hormonas del estrés que van circulando por todo el cuerpo cuando vivimos en ese estado, tiene el potencial de desencadenar afecciones físicas crónicas si permanecemos allí durante mucho tiempo. También puede provocar trastornos psicológicos intensos y en casos extremos, trastornos bipolares o personalidades múltiples, un tema amplio y delicado pero que no abordaremos en este libro.

En resumen, las 4 D constituyen las paredes de la jaula invisible que nos encierran en el historial pasado de abusos y nos impiden vivir como anhelamos. Ellas son la negación, la defensa, la desconexión y la disociación, son los "muros" de contención que nos mantienen bloqueados. Y cuando estás allí, no se puede crear ni generar nada diferente, pues todo permanece adentro, lo que te convierte en tu propio perpetrador y víctima.

Terminas creándote una fantasía que a veces pareciera mejor que la vida real, pues te hace sentir seguro y apartado. Se necesita un nivel elevado de consciencia para reconocer ese mundo de fantasía y desafiarle, para así poder crear más allá de ello. Ahora echemos un vistazo a esas emociones que nos acompañan en la jaula.

3

LAS EMOCIONES EN LAS EXPERIENCIAS DE ABUSO

En este capítulo, vamos a explorar las emociones que nos dejan las experiencias de abuso. Puede que te sientas identificado con todas, o solo algunas. Pero hasta ahora, tal vez ni las hayas reconocido, pues forman esa sombra que permanece en el fondo, sin nombre ni voz. Pero una vez que la mencionamos y reconocemos, empiezan a perder el poder sobre nosotros.

Ser más consciente de esas emociones forma parte del proceso de avance hacia *vivir radicalmente* y una vez que se reconocen e identifican, empieza el cambio hacia emociones más poderosas que están alineadas con lo que realmente deseas y lo te que hace vivir radi-calmente.

· · ·

Las emociones y los armónicos

Cada emoción tiene una vibración diferente. Las emociones de menos intensidad, las que afectan menos, funcionan con una frecuencia más baja. Lo contrario ocurre con las emociones más intensas. Lo entendemos claramente, pues decimos que nos sentimos "bajos" cuando estamos en los estados vibratorios más bajos, y "altos" cuando estamos en los más elevados.

De manera que tenemos la opción de funcionar desde un estado armónico bajo o uno elevado. Cuando lo hacemos desde el estado armónico elevado, experimentamos la vida a través de la consciencia, en vez de hacerlo a través de nuestros disparadores, patrones de conducta o programación. En este estado, la vida es más fluida y armoniosa, la experimentas con más unidad y presencia desde los armónicos elevados. En cambio, las emociones bajas nos hacen sentir dispersos y aislados, mientras que en los elevadas recordamos que no hay separación entre nosotros y el universo. Muchas de las enseñanzas espirituales orientales nos recuerdan esto, y lo que destacan es vivir desde los armónicos elevados de la vida.

Los sentimientos y las emociones son parte del estado armónico bajo. Nos quedamos atrapados en ellos y no se nos enseña que somos capaces de elegir si queremos vivir con ellos o no. De hecho, estamos programados para creer que somos víctimas de nuestras emociones y sentimos que están más allá de nuestro control.

Como hemos destacado antes, hay emociones predominantes que persisten después del abuso. A menudo nos quedamos atrapados en ellas, junto con las frecuencias armónicas más bajas que las representan, se conectan con el anti-tú del que hablamos en el capítulo uno. Cuando nos quedamos atrapados en estos estados emocionales, bajamos nuestro nivel a una energía, un espacio y una consciencia que representan la antítesis de lo que realmente somos. De manera que estas emociones nos mantienen encerrados en las 4 D, particularmente en lo que respecta a la negación y defensa. Desde los armónicos bajos de nuestro estado emocional, se nos vuelve habitual atacar, y así el ciclo se profundiza. Nos desenvolvemos en estos estados, confundiéndolos con nuestra realidad y se van convirtiendo en habituales, porque cuanto más resonamos con una determinada frecuencia, más fuerte y familiar se nos vuelve. Ésta es una de las razones fundamentales por las que a veces nos quedamos en nuestra zona de confort, lo que en realidad termina siendo zona de "incomodidad". La resonancia, a pesar de ser dolorosa, nos resulta familiar, y aprendemos a aceptarla y a convivir con ella.

Estas emociones también significan que nos resistimos y rechazamos a tener una vida de bienestar; de hecho, son el combustible de esa resistencia, pues afecta nuestra salud física, relaciones y finanzas. A pesar de lo desafiante que significa enfrentarse a ellas, forma parte del proceso de recuperación de nuestra verdadera esencia, y nos pone en el camino para vivir radicalmente, al otorgarnos la capacidad de elección. Cuando no estás dominado por tus emociones, el modo de vivir radicalmente se convierte en tu vibración natural más elevada.

VERGÜENZA

La vergüenza es otra barrera para nuestra buena suerte porque nos hace sentir que no merecemos la buena fortuna: ni amor, ni felicidad, ni éxito. La vergüenza también limita la suerte porque nos mantiene viviendo en el entorno del pasado, resonando en el campo de la vergüenza, sin estar presentes en el aquí y el ahora, que es donde la suerte tiene su espacio.

— GAY HENDRICKS Y CAROL KLINE,

SUERTE CONSCIENTE

Hay una diferencia entre la culpa y la vergüenza en los historiales de abuso. La culpa se reconoce como "He cometido un error y pido disculpas" y ahí sigues adelante. Mientras que la vergüenza es: "Yo *soy* un error". Así que cuando se intenta superarlo, realmente se tiene que superar la vergüenza de la creencia de que se está equivocado o falto de cualidades. Fue la situación, el entorno, o la persona que perpetró el abuso, la que realmente es errónea o dañina, pero con los traumas vividos, se asume esa historia como propia y nos arrebata la identidad.

La vergüenza es la emoción más conocida y se genera a partir de todos los secretos que ocultamos. Es posible que te hayan recomendado que lo oculte, o que te hayan amenazado con algún tipo de consecuencia si decías la verdad. También es posible que el abuso haya sucedido de una forma que no se discutió ni se aclaró, es decir, sucedió y pareció normal, pero algo en ti no sabía cómo expresar lo acontecido. También es posible que te atreviste a expresar lo sucedido, pero te encontraste con prejuicios o acusaciones que te decían que estabas mintiendo. Las situaciones en las que el abuso se expresa y trata con compasión son menos comunes porque, en muchas situaciones familiares, si el abuso se admite, entonces algo debe cambiar. Un ejemplo es cuando los matrimonios se rompen, los seres queridos acuden a los tribunales, etc. Tal vez sea mucho más "fácil" para la gente cortar su consciencia y negar que algo haya sucedido, en vez de afrontar las consecuencias con la verdad.

Y así, la vergüenza la vas llevando dentro, haciéndote sentir quebrado y que no vales la pena, pues te aferras a lo negativo. Te conviertes en un secreto y, al hacerlo, ya no eres tú mismo.

El chiste cruel de la vergüenza es que el 90% de lo que ocultas, en realidad te lo ocultas a ti mismo y para poder soportar el secreto, lo vuelves contra ti mismo en forma retorcida de negación. Y esto significa que ya no puedes tener paz contigo mismo.

La vergüenza es una carga que molesta, pesa y se refleja, por ejemplo, cuando vas caminando con la cabeza agachada y los ojos mirando al suelo, manteniendo el ceño fruncido y emanando pesadez e indignación.

La vergüenza también distorsiona tu mundo interior. No puedes tener verdadera intimidad (veo mi interior[1]) cuando sientes vergüenza, pues cuando interactúas, no eres genuino ni auténtico, lo que, a su vez, te crea más vergüenza y hace que te escondas aún más. El ciclo

---

1. *N. del T. Juego de palabras en inglés entre intimacy (intimidad) e into-me-i-see (veo mi interior)*

continúa, y la situación te sigue manteniendo atrapado en la jaula.

Y esta es la situación irónica de la vergüenza, pues pasas toda tu vida manteniéndola atrapada en tu cuerpo, abriéndote a todo tipo de enfermedades físicas, mentales, emocionales y espirituales, sólo para esconderte y para que nadie sepa que has tenido tales experiencias. Sin embargo, no te alarmes por ello, pues todos escondemos algo en la vida.

Entonces, ¿cómo debilitar las soldaduras de la vergüenza? Pues entablándolas y reconociéndolas, es decir, saliendo de los secretos de tu historial de abusos.

Tu historial y la vergüenza - ¿Qué significado tiene?

Cuando trabajo con pacientes, retrocedo un poco y los guio a través de los acontecimientos sucedidos, para así llegar más allá. Esto incluye reclamos, la reivindicación y el reconocimiento de lo que creen que su historia significó para ellos y cómo se lo siguen planteando actualmente. Para muchos de mis pacientes, el hecho de haber sufrido abusos sexuales, físicos o emocionales los hace sentir diminutos y poca cosa, pues su autoestima está por el suelo.

Entender cómo interpretas tu historia y tu vergüenza, te puede ayudar a definir nuevas opciones que te ayudarán a crear una nueva historia. Te ayudará a ver cómo el significado que le has atribuido hasta ahora limita el futuro promisorio que pudieses experimentar, es decir, alegría, felicidad y libertad. Casi siempre que acompaño a alguien a través del apego de su historial, el pegamento que mantiene todo unido es la vergüenza siempre.

Tú no eres tu vergüenza, pero es algo que has estado acostumbrado a sentir.

Este libro no trata de juzgar, más bien trata de unificar y ofrecer contenido con el sano objetivo de ayudarte a eliminar los traumas. Y esto incluye reconocer que nuestros abusadores fueron los únicos responsables de nuestros flagelos, no nosotros.

"...si eres una de las muchas personas que tienen problemas con sus padres, si todavía mantienes resentimiento por algo que hicieron o dejaron de hacer, entonces todavía sientes que ellos pudieron haber actuado diferente. Pero eso es una ilusión y lo mejor es dejarlo ir. Mientras tu mente con sus patrones condicionados te mantenga en ese pensamiento... ¿cómo podrás elegir?"

— ECKHART TOLLE, EL PODER DEL AHORA

Mientras sintamos vergüenza, mantendremos el historial de abusos intacto, y mientras la historia permanezca sin revelar, el abuso yacerá en nuestros cuerpos. Cuando nos sentimos identificados con la vergüenza, la encerramos en nuestro cuerpo y nos abrimos a enfermedades y a una vida sin oportunidades ni posibilidades. Nos quedamos encerrados en nuestra jaula y eso hace que la situación de abuso sea tu guía, en lugar de que tú seas tu propia guía.

EJERCICIO ENEGÉTICO: LIBERAR LA VERGÜENZA Y LOS PREJUICIOS

Este ejercicio libera toda la mala energía que te rodea debido al sentimiento de vergüenza, al igual que la percepción de que eres un producto que no sirve ni funciona. Tú puedes liberarte de la vergüenza, incluyendo esos secretos o agendas ocultas, que no han sido reconocidas ni reveladas a la madre Tierra.

Usando tus dedos, imagina que recoges la energía de la vergüenza empezando por tus pies hasta la parte superior de tu cabeza. Lánzala a la madre Tierra y declara firme en voz alta: "NO, NO MÁS ABUSO. ¡ES MI CUERPO Y MI ELECCIÓN! ¡MI DERECHO!" Haz esto al menos 3 veces mientras imaginas que esa energía se disipa y se libera en la madre Tierra. También puedes hacer el mismo proceso con los sentimientos de ira, tristeza u otros.

Después, anota cualquier cambio o efecto positivo de tu energía.

TRISTEZA

La tristeza es la ira que llevamos dentro. No tuviste la oportunidad de sacártela, así que la vuelves contra ti.

Cuando habitas en la tristeza, en realidad estás habitando en la consciencia de víctima, es la arena movediza que te mantiene atascado e inmovilizado y el problema radica en que la proyección que la sociedad tiene sobre las experiencias de abuso es que es difícil de sanar, entonces ello refuerza más aun esa tristeza.

Cuando nos sentimos tristes debido a nuestros traumas, funcionamos desde la creencia de que nunca debieron sucedernos. Hay una falsa expectativa establecida por la forma en que comúnmente vemos nuestras vidas, de que no deberían existir desafíos, creemos y aspiramos que nuestras vidas sean tranquilas y sin altibajos. Y cuando visualizamos todo a través de ese filtro, nos pasa de todo, sentimos que no corremos con suerte y que es lo peor que le puede pasar a un ser humano. Y así perdemos nuestra capacidad y oportunidad de utilizar el abuso como una experiencia trascendental que puede transformar nuestras vidas.

Cuando estamos atascados en la tristeza, ya no sentimos que tenemos opciones,

porque funcionamos desde la perspectiva de que nunca habrá un más allá.

En psicología, la capacidad de ver nuestras experiencias como algo beneficioso para alcanzar nuestro máximo potencial se denomina "crecimiento postraumático". Nos permite visualizar que nos hacemos más fuertes y prósperos a través de nuestros desafíos. No podemos ver nuestras experiencias en modo positivo si las vemos como algo incorrecto.

ACTIVIDAD: PUNTOS DE REFLEXIÓN

¿En qué medida te dejas llevar por la tristeza? ¿Qué tipo de situaciones desencadenan tu tristeza? ¿Cómo se manifiesta? ¿Cómo la sientes en tu cuerpo?

¿Sientes impotencia cuando te acompaña?

¿Cuáles o cómo son tus pensamientos cuando entras en un estado de tristeza?

Una vez que hayas completado esta actividad, repite el ejercicio de energía anterior, pero esta vez decretando y liberando la tristeza.

Usando tus dedos, imagina que recoges la energía de la tristeza empezando por tus pies hasta la cabeza. Lánzala hacia la madre Tierra y decreta firme y en voz alta: "NO, NO MÁS ABUSO. ¡ES MI CUERPO Y MI ELECCIÓN! ¡MI DERECHO!" Haz esto al menos 3 veces mientras imaginas que esa energía se disipa y se libera en la madre Tierra.

Después, anota cualquier cambio o efecto positivo en tu energía.

. . .

Como nota adicional, podemos hacer estos ejercicios con la madre Tierra porque ella es vasta y generosa, más, sin embargo, no tiene espacio para los prejuicios. ¿Sabes lo que sucede cuando un bosque se incendia y queda devastado? Pues que, en el periodo de un año, todo florece y se vuelve verde. Así es la madre Tierra y es por ello por lo que le podemos disipar y entregar nuestros traumas, pues los usa como abono y así florece.

IRA Y RABIA

La ira puede ser una fuente de energía arrolladora si se expresa con el enfoque adecuado, pues puede ayudar a superar las dificultades que se te presentan. Pero si no se utiliza eficazmente, se convierte en veneno y se filtra para mantenerte en estado perenne de duda y desconfianza.

La rabia es lo que llevas por dentro que se convierte en ira y energía asesina e incontrolable que explota desde tu interior. Es la erupción del volcán, la que te repite que odias todo a tu alrededor, todo lo que te sucede. Cuando vives en ese estado permanente, entras en rabia y depresión y desde el punto de vista bioquímico, sólo una pequeña brecha puede mantener la rabia antes de que aumente el cortisol y baje la DHEA en tu cuerpo, porque es un estado de mucho estrés. Esto conlleva a un vaivén de emociones, con largos periodos de depresión, en los que el cuerpo ya no puede mantener la rabia. Es un ciclo muy agotador que distorsiona nuestra percepción de la realidad, llevándonos a ver sólo lo que creemos desde nuestro ángulo, a pesar de que a veces las personas que nos rodean traten de mostrarnos o decirnos lo contrario. Los que viven en este ciclo suelen ser juzgados como "amargados "y se convierte en una incomodidad y desafío para nosotros cuando compartimos con ellos porque la atracción hacia la rabia es muy dañina y fuerte.

Lo que podríamos hacer es tomar esa rabia tóxica y convertirla en herramienta para el cambio. Un facilitador experto y conocedor te puede ayudar a salir y a utilizar esta energía como herramienta de transformación. Si has vivido desde un estado de rabia, puede que te sientas cómodo a veces, o al menos es preferible sentirse así, que sentir depresión, pues al menos estas más activo y menos cabizbajo.

El reto es ser capaz de mover esa energía hacia una dirección que te funcione y beneficie,

en vez de mantenerla en un lugar donde refuerce las calamidades y los desafíos.

. . .

El primer paso es reconocer y admitir si efectivamente, te has quedado atrapado en el ciclo de la rabia.

ACTIVIDADES: EJERCICIOS DE REFLEXIÓN

El objetivo aquí es distinguir cada emoción para separarlas y así permitir que tu cuerpo se convierta en tu cómplice.

Coloca tu mano en la parte de tu cuerpo que siente ira. Ahora pon tu mano en la parte de tu cuerpo que siente rabia. ¿Puedes determinar la diferencia o semejanza entre la ira y la rabia? ¿Cuál has sentido más predominante?

¿Has sentido rabia y depresión al mismo tiempo?

¿Has usado la ira para expresar tus puntos de vista?

¿Puedes diferenciar entre una potencia de ira y una explosión de rabia?

Una vez que hayas completado este ejercicio, puedes repetir el ejercicio de energía anterior, pero esta vez utilizando las emociones de ira y rabia.

Usando tus dedos, imagina que recoges la energía de la ira y la rabia empezando por tus pies hasta tu cabeza. Lánzala hacia la madre Tierra y declara firme y en voz alta: "NO, NO MÁS ABUSO. ¡ES MI CUERPO Y MI ELECCIÓN! ¡MI DERECHO!" Haz esto al menos 3 veces mientras imaginas que esa energía se disipa y se libera en la madre Tierra.

Después, anota cualquier cambio o efecto positivo en tu energía.

MIEDO

El miedo es un estado que te mantiene atascado, congelado y entumecido. Cuando vives con miedo, pedaleas contra la corriente y permaneces en una zona de destrucción. Es un mecanismo automático y de defensa en el que te preparas continuamente para lo que en tu mundo externo pareciera ser traumático.

Cuando vives con miedo, siempre hay alguien que se mete contigo, te fastidia, se aprovecha de ti, te hiere, te rechaza o te abandona. Y eso que sientes no tiene nada que ver con las personas que tienes a tu alrededor, aunque si podrías proyectarles la versión de tu realidad.

Cuando vives en un estado perpetuo de miedo, nunca estarás presente.

El miedo casi siempre implica ir al pasado como punto de referencia de lo que sucedió y así proyectarlo en el futuro.

ACTIVIDAD: EJERCICIOS DE REFLEXIÓN

¿En qué medida vives desde el miedo? Coloca tu mano en la parte de tu cuerpo que siente miedo.

¿Qué tipo de situaciones lo desencadenan? ¿Cómo se manifiesta? ¿Cómo se siente en tu cuerpo?

¿Sientes que vuelves al pasado y luego buscas situaciones similares en el presente? ¿Buscas probar en el presente de que te irá mal?

¿Qué estrategias podrías poner en marcha cuando sientes que el miedo te ataca?

Una vez que hayas completado este ejercicio, puedes repetir el ejercicio de energía anterior, pero esta vez usando la emoción del miedo.

· · ·

Usando tus dedos, imagina que recoges la energía del miedo empezando por tus pies hasta la cabeza. Lánzalo a la madre Tierra y decreta firme y en voz alta: "NO, ESO NO ES REAL. ELIJO ESTAR PRESENTE EN EL AHORA". Hazlo al menos 3 veces mientras imaginas que la energía se disipa y se libera en la madre Tierra.

Después, observa cualquier cambio o efecto positivo en tu energía.

En resumen, vivir desde o dentro de las emociones de tus experiencias de abuso es funcionar desde la poca o baja armonía. Y para vivir radicalmente y funcionar desde la armonía elevada, primero debes reconocer que has estado viviendo en las emociones del abuso, asociándote con frecuencias emocionales que has normalizado.

Ahora prosigamos a analizar cómo viviendo en la jaula del abuso y funcionando desde esos estados emociona-les, ha impactado tantas situaciones en nuestras vidas. Luego, más adelante en el libro, exploraremos cómo puedes transformar estas emociones para que logres *vivir radicalmente.*

PARTE II

DIFICULTADES EN LA JAULA

4

LA CONTINUIDAD DEL ABUSO

¿Cuándo terminará?

Era una pregunta que me hacía muchas veces, pero obviamente, no tenía ni idea de la respuesta. Todas mis experiencias traumáticas parecían multiplicarse con el paso del tiempo, y mientras aumentaban, más me convencía de que era por algo erróneo en mí, y cada nuevo acontecimiento parecía confirmar el modelo de realidad desde el que funcionaba, y terminé asumiendo que algo malo pasaba en mí.

Lo que sí sé ahora, y que no entendía antes, es que cuando funcionamos desde la jaula de abusos, ésta sigue perpetuándose y no sabemos cómo detenerla, sintiendo que nuestras relaciones, conexiones o comunicaciones, todas están relacionadas desde el entorno de abusos y en todos los aspectos de nuestras vidas. Es decir, nuestros traumas pasados rara vez culminan cuando el evento en si ha terminado.

Después del acto inicial de perpetración, pareciera que todo el mundo quisiera abusar de ti.

Las experiencias de abusos continúan acechando nuestras vidas inclusive mucho después de que hayan ocurrido.

Si experimentaste abusos de un tipo determinado, pueden aparecer los mismos, pero en otros aspectos de tu vida y tienden a convertirse en una epidemia que se extiende a todos los rincones de tu existencia. Si lo viviste en tu infancia, es probable que se te convierta en tu principal punto de referencia, al menos que lo hayas transformado positivamente y, por consiguiente, ya no te afecte.

EL SHOCK DE LA PERPETRACIÓN

Una de las claves para entender cómo has respondido a los traumas de abuso es asimilar que el acto abusivo te ha creado shocks o traumas que adhieren a tu cuerpo sistemas de respuesta automáticos que permanentemente se reactivan en momentos de estrés. La química de nuestro cuerpo cambia cuando experimentamos un acto abusivo, y así nos adaptamos replegándonos dentro de la jaula invisible.

Al principio, la jaula se convierte en un lugar donde nos sentimos supuestamente seguros, pues allí nos refugiamos ante la sobrecarga sensorial y molecular que crearon los traumas. Cada vez que algo nos recuerda esos sucesos, nos devolvemos y atrincheramos en la jaula. Allí todos nuestros sentidos están perpetrados y secuestrados, y cualquier desencadenante sensorial hacia el mundo exterior hace que nos devolvamos a la jaula. Por ejemplo, cuando olemos e intuimos algo que nos hace recordar al suceso original, un aroma o una loción de afeitar que nos hace retroceder. Oímos algo, un tono de voz, palabra o frase que se haya dicho durante la perpetración, y de nuevo nos atoramos en la jaula. Si vemos algo que nos recuerda al suceso, por ejemplo, si el agresor o responsable tenía vello facial y vemos a alguien con vello facial, lo conectamos inmediatamente con el suceso y volvemos a retroceder. Luego aparecen los indicadores moleculares: los sentimientos y emociones que se crearon y que se encierran y adhieren a nuestros cuerpos y vuelven a desencadenarse por los más mínimos detalles. De cierta manera, encapsulamos al agresor en nuestras propias células. Ese trauma vivido se convierte en el filtro por el cual experimentamos todo, y es la parte clave que nos mantiene cautivos en la jaula.

La jaula está diseñada supuestamente para protegernos, intenta mantenernos a salvo para que no se produzca un suceso similar y acabamos definiéndonos a través del shock de lo ocurrido. Nuestra estructura molecular cambia y se convierte en el filtro a través del cual experimentamos nuestro día a día.

Como he mencionado antes, la toma de consciencia es una parte fundamental para la sanación y escape de la jaula de abusos. Pero cuando se desencadena y entramos a la jaula es porque el shock de la experiencia vivida, todavía se mantiene en nuestros cuerpos, es decir, funcionamos desde lo *opuesto* de nuestra consciencia, funcionamos desde el trance.

FUNCIONAR DESDE EL TRANCE

Si la información sensorial de lo ocurrido se dispara con frecuencia, funcionas como el "anti-tú". Si recuerdas los capítulos anteriores, el anti-tú es el que te impide generar y crear una nueva vida con bienestar y plenitud.

Si te estás exhibiendo como el" anti-tú", es probable que te esté sucediendo una de estas situaciones:

- Llegas a un nivel de consciencia que te dice que algo anda "mal", pero aún no puedes predecir claramente qué es.

- Has estado viviendo dentro de la jaula, pero aún no eres consciente de que has estado cautivo en ella.

En cualquiera de los dos casos, repercute la tendencia de culpar al mundo exterior de todo lo que te pasa y de cómo te sientas por dentro.

ATRAER MÁS DE LO MISMO

Cuanto más funcionemos desde dentro de la jaula, más atraeremos otros episodios de abusos, pues la resonancia del shock del evento original, y la forma en que molecularmente operamos desde la misma, significa que atraemos a seres similares que funcionan con las mismas características y desde el mismo entorno.

Al sentirnos víctimas cuando hemos experimentado abusos, atraemos a otros perpetradores y así se va repitiendo el ciclo.

No nos damos cuenta de que los abusos están encerrados en sus propios ciclos y que nos dejamos llevar por ellos. A través de nuestros filtros, aparecen nuestros agresores y opresores, nada más. Si has experimentado esto, es lógico que te sientas como un ser desdichado. Pero tal como destaqué en la introducción de este libro, no hay nada de malo que continúes atrayendo el historial de abuso a tu vida con ciclos parecidos, pues ya hemos mencionado que cuando esas experiencias suceden, es sumamente difícil dejar de pensar en ellas y quitárselas de encima.

PERPETRAR ABUSOS CONTRA UNO MISMO

Cuando hemos vivido maltratos, asumimos la conducta del agresor como si fuera la nuestra. Si el tipo de abuso fue de índole económico, emocional, físico, doméstico, espiritual, sexual, etc., la conducta de la persona que no los impuso acaba convirtiéndose en la nuestra a través de la cual experimentamos nuestro día a día.

Hay un término en Access Consciousness® que se llama "mimetización biomimética", que significa que hemos asumido la forma de ser de otra persona como si fuera la nuestra. A menudo experimentamos la mimetización biomimética con nuestro perpetrador, lo que nos ayuda a entender cómo a veces el abusado puede convertirse en el abusador. Otra forma es que nuestras respuestas condicionadas y habituales se conviertan en un canal para el dolor. Así, por ejemplo, un canal puede ser que el perpetrador crea que es malo o que está equivocado, y esa energía se transfiere a nosotros durante el "acto". Entonces, empezamos a comportarnos como si fuéramos malos, perversos o erróneos. Esto lamentablemente, mantiene vivo al evento original, y añade más combustible al fuego del TEPT y no permite el espacio para que ocurra el Crecimiento Post-Traumático.

La mimetización biomimética adopta muchas formas y no significa necesariamente que nos debamos convertir en el agresor. Más bien, significa que adoptamos una parte de su comportamiento y nos lo imponemos a nosotros mismos. Cuando imitamos biomiméticamente a nuestros perpetradores, funcionamos desde los mismos canales de dolor desde los que ellos funcionan. Cuando esto sucede, no estamos en armonía con nosotros mismos porque, en algún nivel inconsciente, buscamos la aprobación de nuestros perpetradores al imitarlos.

Por ejemplo, yo experimenté la mimetización biomimética con mi madre. Tuve una relación tumultuosa con ella y, durante mi vida adulta, seguía funcionando desde su entorno energético. En mi caso, se manifestó en una dificultad para estar y arreglármela por mi cuenta, nunca me sentí cómoda sola y siempre quería estar con alguien a mi lado. También me resultaba difícil mantener cierto orden en mi vida, lo que se denomina "valerse por sí mismo ". Pasé décadas generando y creando a partir de la influencia de mi madre, no sólo desde mi cuerpo y mente, sino también desde mi carrera y finanzas. No me daba cuenta de que funcionaba y actuaba desde su percepción.

Uno de los indicios para reconocer que estás pasando por lo mismo, es decir, viviendo desde el entorno que tu agresor te impuso, es que te sientas inferior o incapaz, tomando decisiones basadas desde el temor. En mi caso, por ejemplo, dejé que mi madre eligiera la escuela y las universidades a las que fui, en lugar de elegirlas yo misma. El poder, en este caso y una vez más, lo tenía el perpetrador.

Mi madre era sumamente controladora y crítica e imponía agresivamente su perspectiva. El mensaje que transmitía a mí y a los demás era: "La única manera de que te acepte es que hagas lo que yo diga y a mi manera". Al someterme a su voluntad, le permitía seguir teniendo poder sobre mí, estaba tan encerrada en su violencia física y abusos, que no sabía cómo decirle que no. Y lo cierto es que decir que sí a la perspectiva de otra persona es decirte que no a ti. Y esto es lo que te aleja de estar en armonía contigo mismo.

Entonces, ¿cómo sabes si lo que sientes en tus entrañas es realmente tuyo o es algo que pertenece a otra persona y que tú has asumido como tuyo?

ACTIVIDAD: ¿TU REALIDAD PERTENECE A OTRA PERSONA?

¿Qué te enseñaron tu madre, padre, o personas cercanas, acerca de ti, de la realidad que todavía vives o viviste, consciente o inconscientemente?

¿Son esas creencias tu verdad? En otras palabras, ¿eso es lo que realmente quieres para tu vida?

¿De qué forma estas creencias o conductas te mantienen cautivo en la jaula, al mismo tiempo de que supuestamente te protegen?

¿Puedes identificar cómo haciéndole pleitesía a las necesidades de los demás te mantiene en una vida comprometida?

Nuestros perpetradores podrían estar o no en nuestras vidas, podrían estar vivos o muertos y si, efectivamente, les entregamos nuestro poder, cerramos todas nuestras posibilidades y vivimos con limitaciones y así, sin darte cuenta, te conviertes en un propio perpetrador. Una vez que esta "vuelta "ocurre, vives desde un entorno automatizado. Cuando hablamos de la perpetración contra ti, no sólo incluye el acto de abuso como tal, sino también cada uno de los otros actos abusivos que han ocurrido en tu vida y que has asumido como tu verdad, es decir, todas las decisiones, conclusiones y prejuicios que los demás han hecho sobre ti y que tú, al mismo tiempo, has convertido como tu propia realidad, lo que es, en esencia, una programación que solo muestra tu lado negativo.

Eres un imán de consciencia, percibes, sabes, eres y recibes energía de todo el universo, y de los demás, de tus ancestros, de tu cuerpo, de la persona de al lado, de tus jefes, de tus colegas, de tu iglesia, etc.

EJERCICIO ENERGÉTICO: SOLTAR LO QUE NO TE PERTENECE

Cierra los ojos y coloca las manos sobre el timo y el hueso púbico. Respira por la boca 3 veces y di: "¡HOLA, CUERPO! ¡HOLA, CUERPO! ¡HOLA, CUERPO! ¡HOLA, YO! ¡HOLA, YO! ¡HOLA, YO! ¡HOLA, TIERRA! ¡HOLA, TIERRA! ¡HOLA, TIERRA!" Expande tu energía hasta tocar y rodear las cuatro esquinas de la habitación en la que estés y respira. Respira profundo y expande todo lo que puedas hacia arriba, hacia abajo, derecha, izquierda, hacia delante y hacia atrás. Respira desde los pies hasta arriba y desde abajo hasta la cabeza. Repite todos los "HOLA" anteriores. Abre los ojos.

Siente la diferencia y toma nota si observas algún cambio en tu energía.

· · ·

En resumen, mientras no estés dispuesto a poder elegir y crear desde tu realidad, estarás eligiendo desde las realidades de otras personas. Y cuando comprometes tu propia realidad por la de otra persona, le resta demasiada energía a tu cuerpo, pues le drena la vitalidad esencial que necesita para funcionar en forma plena. Y, sin duda, este es el plan macabro de la jaula invisible, que nunca te dejará ser tu verdadero YO.

5

LA SALUD Y RELACIÓN CON TU CUERPO

"Y le dije a mi cuerpo en susurro, 'quiero ser tu amigo'.
Y después de un largo suspiro me respondió: 'He estado
aquí esperando por ti toda la vida'.

— NAYYIRAH WAHEED

¿Alguna vez has sentido que eres enemigo de tu cuerpo? Pues si has sufrido experiencias de abusos, es muy normal que esto ocurra. Existen las tres siguientes características como indicio de que tal vez estes experimentando una guerra con tu cuerpo:

- Le das prioridad a las necesidades de otras personas, inclusive por encima de las tuyas.

- Juzgas y criticas constantemente a tu cuerpo.
- Ignoras las señales y peticiones de tu cuerpo.

En este capítulo, exploraremos cómo las experiencias de abuso te preparan para el escenario de estar en guerra constante con tu cuerpo, como también lo que puedes hacer para experimentar más paz y armonía con tu propio físico y relación corporal.

1. PONER LAS NECESIDADES DE LOS DEMÁS POR ENCIMA DE LAS TUYAS

A partir de las experiencias traumáticas, te vuelves invisible mientras que las del abusador se sienten palpables y, por lo tanto, crecen. Este patrón ocurre mientras estamos cautivos en la jaula invisible y dentro de ella, crees que es normal hacer que las necesidades de los demás sean más importantes que las tuyas. A partir de ahí, anulas las numerosas señales y peticiones de tu cuerpo, mientras que antepones las necesidades de los demás. Recordando los pasos de las 4 D, descubres que niegas que tienes necesidades propias, o te *disocias*, porque crees que tu relación con tu cuerpo no es importante. Te *desconectas* pensando que tienes algún derecho a recibir algo, y te *defiendes* y bloqueas cualquier cosa que venga a ti. Esto trae como consecuencia, la creación de capas de densidad en tu cuerpo, como el peso, la opresión, rigidez, el control, la constricción, etc.

A medida que pasan los años, te va pareciendo normal que las necesidades de los demás sean más importantes que las tuyas y el patrón se va intensificando. *Disocias* tu cuerpo y lo descuidas como si no importara, a pesar de que al mismo tiempo estás atado en él. El resultado es que te *desconectas* de tu cuerpo y vives solo en tu mente. Pero resulta que la mente es sólo el 10% de tu cuerpo, lo que significa que estás negando al otro 90% de ti.

2. JUZGAR TU CUERPO

Cuando *niegas, te disocias, desconectas y defiendes* de tu cuerpo juzgándolo, te encierras aún más en la jaula invisible y el resultado es que tu cuerpo comienza a hincharse, se vuelve denso y se constriñe y empieza a experimentar dolores, todo empieza a ponerse mal en tu alrededor.

A medida que tu cuerpo se vuelve más rígido, tu pensamiento hace lo mismo. Empiezas a ver todo en blanco y negro, o desde un solo ángulo, no logra ir más allá. Pierdes tu capacidad creativa, en pro de conclusiones y puntos de vista perennes.

Tiendes a sufrir de sobrepeso, empiezas a sentirte incómodo y a tener una relación de amor-odio con tu cuerpo, por los prejuicios, malas decisiones y conclusiones que te has planteado, basados en las historias del pasado. Incluso el problema de sobrepeso se puede somatizar como otra carga, como, por ejemplo, ansiedad o depresión. Todo ello es debido a la densidad que cargas en tu cuerpo y que te hace explotar. Esa carga también puede derivarse en toxinas y de los prejuicios que has asumido de ti mismo y de los demás que tiende a ser un mecanismo de defensa que has creado en el intento de protegerte de otros abusadores, manteniendo la creencia de que todas las personas con quienes te rodeas podrían hacerte daño, pues no eres capaz de confiar en nadie.

Crear el cambio desde los prejuicios

Si no las pasamos pendientes de que debemos cambiar nuestro cuerpo y no nos conformamos con el que tenemos, entonces vivimos llenos de prejuicios, porque nos estamos criticando todo el tiempo, pues no nos sentimos a gusto con nosotros mismos porque nos vemos erróneos o nos sentimos que no servimos para nada.

Todos los prejuicios vienen del pensamiento de que hay algo malo o erróneo en ti.

Hacemos planes para hacer más ejercicio o comer menos, pero por lo general son planes para privarnos de cualquier forma de placer. Cuando hemos vivido experiencias de abuso, recurrimos a métodos desafiantes y estrictos para perder peso, pues tenemos la impresión de que nuestros cuerpos están manchados, y los empujamos hacia objetivos más desafiantes y poco realistas que terminan siendo contraproducentes. No podemos tener una relación armoniosa con nuestro cuerpo porque no somos bondadosos con él pues lo seguimos achacando por el abuso que sufrió.

Patrones en la falta de armonía

En el capítulo tres, hablamos de cómo las emociones pueden tener armonía o no tener, dependiendo si funcionan desde las frecuencias armónicas más bajas o altas. Recuerda que los patrones de desarmonía crean enfermedades, desconexión y falta de protección y defensa.

El fenómeno de la relación mente/cuerpo es muy real. La grasa y las toxinas almacenadas en tu cuerpo son, en efecto, un espejo de los prejuicios, malas decisiones y conclusiones que has tomado. Por desgracia, la mayoría elige el peso de las toxinas y los prejuicios como su verdad, en lugar de elegir la ligereza y la expansión de los armónicos más elevados. Pero al elegir mantener el peso, en realidad estás manteniendo esos prejuicios y conclusiones como la vida que enfrentas ahora, encerrándote más aun en tu jaula. Cuando no reconocemos a nuestro cuerpo como nuestro gran y mayor atributo, entonces vivimos en una profunda falta de paz.

3. IGNORAR LAS SEÑALES Y PETICIONES DE TU CUERPO

Solemos ignorar el buen cuidado corporal cuando hemos vivido experiencias de abuso. Nuestros cuerpos tienen una sabiduría innata que se ha visto afectada por las tendencias y estilo de vida del siglo XXI y los abusos comprometen aún más esta sabiduría. La negación, la desconexión y la disociación nos apartan de las numerosas señales y peticiones de nuestro cuerpo. Esta sabiduría innata se adormece en los excesos con la comida, el alcohol o las drogas. Es confuso para la relación mente/cuerpo cuando comemos emocionalmente respondiendo a los antojos. Ignorar la sabiduría innata del cuerpo nos aleja de nosotros mismos y, lamentablemente, ello se ha normalizado en nuestro entorno social actual, en lugar de escuchar lo que nuestro cuerpo necesita y evitar conformarse con ello. Hace un tiempo tuve una experiencia, pues fui a uno de mis restaurantes favoritos hindús, el cual sirve comida sin gluten. Es un restaurante que me encanta y que voy con frecuencia, pero ese día me sentía raro pues había algo en mi cuerpo que me decía: "no comas esto hoy, no te hará bien ".

Pensé que se me pasaría cuando llegase, pero cuando empecé a comer no me sabía bien y, aun así, seguí comiendo. Al finalizar, la comida no me sentó bien y en la noche sentía molestia estomacal. Al final, no se trataba sólo de la comida, sino también de que mi pensamiento y cuerpo estaban en desacuerdo y, por ende, sin armonía. No escuché a mi cuerpo, a pesar de que me había dado señales muy claras.

ACTIVIDAD: EJERCICIO: ¿COMES CON CONSCIENCIA?

¿Cuántas veces has ignorado las señales de tu cuerpo y has comido cuando no tienes hambre, o cuando te sientes triste o mal humorado? ¿Cuántas veces has comido pero tu cuerpo te dice "no ", cuando sales a comer o asistes a algún evento social?

· · ·

Empieza un registro de cuando tienes hambre. Hazte la pregunta: ¿Tengo hambre o siento molestia? ¿Tengo sed o necesito un amigo, un abrazo, o un paseo? Intenta descifrar lo que tu cuerpo quiere decirte.

SANAR LOS ABUSOS DESDE TU CUERPO

Lo que la mayoría de la gente no entiende y esto incluye los terapeutas tradicionales, es que, si se quiere sanar las experiencias de abusos de raíz, a donde primero se tiene que acudir es a la relación con tu cuerpo y, por desgracia, ese es el último lugar que miramos cuando intentamos sanar. La clave para darse cuenta es que esos traumas aumentan la separación entre la mente y cuerpo, y el proceso adecuado de sanación cierra esa brecha de separación, es decir, hay que aprender a soltar ese trauma del cuerpo. De modo que es vital aprender a resolver la desarmonía física, para que cuerpo y tú vuelvan a ser uno solo.

Cuando eres uno, lo eres todo: con todas las moléculas del mundo.
Si estás separado de tu cuerpo, estás separado del todo.

El primer paso es dejar de permitir que tu historial de abusos siga teniendo poder sobre ti. En este libro hemos recalcado el mensaje de que una de las cosas más valiosas que posees es tu capacidad de elegir. Tu primer paso es tomar la decisión de no dejar que las necesidades de los demás se antepongan ante las tuyas, de no juzgar tu cuerpo ni ignorar sus peticiones.

Acabar con los prejuicios

Es fundamental que ya observes cómo tus experiencias de abuso se reflejan en tu cuerpo y en lugar de verte gordo, feo o erróneo o que no sirves para nada, puedes empezar a ver que estos prejuicios han venido de otras personas o de otras épocas, y así empiezas a crear tu cuerpo desde un lugar de bienestar y plenitud.

En lugar de intentar cambiar nuestros cuerpos a través de prejuicios, críticas o castigos, podemos más bien tomar decisiones basadas en un nuevo paradigma entablando "resoluciones ". Esto significa vernos y aceptarnos desde un nivel diferente de consciencia, uno que se basa desde la bondad, buena nutrición y cuidado, en lugar desde la culpa, la vergüenza, el arrepentimiento y el castigo.

A medida que liberamos prejuicios de nuestros cuerpos, empezamos a ver la conexión entre la carga que llevamos dentro y la pesadez de tu historial de abusos.

Dejas de criticar tu cuerpo cuando dejas de rechazarte, expulsarte y desalojarte de tu propio ser. Tu salud, tu cuerpo, al igual que tus finanzas, riqueza y relaciones también tienen que ver con el rechazo, expulsión y desalojo de tu propio ser.

¿Qué pasaría si eligieses la dicha de abrirte a un mundo de
posibilidades en armonía con tu propio cuerpo,
aceptándote y abrazándote como parte de esa posibilidad?

Tu cuerpo es un sistema innato de recepción de placer. Sin embargo, a estas alturas, probablemente has erradicado por completo la experiencia del placer, o la has deformado, retorcido o limitado a solo gratificaciones instantáneas como el chocolate u otros subidones temporales. Pero como hemos mencionado anteriormente, tu cuerpo está diseñado para sentir placer y gozo.

ACTIVIDAD: CAMBIAR EL ENFOQUE DE TU ALIMENTACIÓN

En lugar de seguir el último plan de moda de dieta, ese que es tan riguroso y que le hace tanto daño a tu cuerpo, reflexiona en ¿qué puedes hacer para aumentar la auto estima con tu cuerpo de manera que tu enfoque ya no sea lo que critiques de él? Es decir, no te preguntes cómo puedes perder peso o cambiar tu cuerpo. Pregúntate más bien, cómo puedes liberar esos patrones de prejuicios que están atrapados en él.

. . .

Escribe 10 prejuicios que tengan que ver con tu cuerpo. Cada día, en la semana que viene, por cada prejuicio que escribas, elige hacer algo diferente.

Escuchar a tu cuerpo y a priorizar tus necesidades

En este nuevo paradigma de "resoluciones ", ya no fuerzas a tu cuerpo a cambiar. Mas bien, decides parar la guerra con él, cueste lo que te cueste. Y debes estar dispuesto a resolver, estar dispuesto a dar la cara y que tus necesidades verdaderas sean siempre las que te dominen. Recuerda que, si pasaste por experiencias de abusos, las necesidades de los demás tienden a ser más visibles que las tuyas. Entonces, tienes que hacer visibles todas tus necesidades. El universo te dará una mano, pero tú también tienes que estar dispuesto a dar la cara.

Aprender a comunicarte con tu cuerpo, preguntándole lo que necesita puede generar un gran cambio, incluso preguntándole y comunicándole así: "Hola cuerpo, dime lo que necesitas". Eso te permite mejorar la relación y acabar con los patrones de disociación.

Si has estado desconectado de tu cuerpo durante mucho tiempo, tal vez al principio no entiendas lo que te dice cuando empieces a aplicar estos principios. Mas, sin embargo, mientras poco a poco aprendas a escucharlo, le puedes hacer preguntas tales como: "Si mi cuerpo (o esta parte de mi cuerpo: nómbrala) pudiera hablar, ¿qué diría? ¿Qué me está diciendo? ¿Quiere decirlo ahora o después?". (Con respecto a la última pregunta, se refiere a que a veces tu cuerpo te está mostrando algo que está pidiendo ser sanado en una sesión de curación más avanzada, pero que no sería apropiado hacer justo cuando te transmite el mensaje).

EJERCICIO: MUÉVETE MÁS Y MÁS Y MÁS

A veces te despiertas con pesadez o densidad en tu cuerpo y no sabes realmente por qué. En lugar de aceptarlo y conformarte, pregúntate qué puedes hacer para moverte y superarlo. Súbete a la cinta de correr. Sal a la calle y mueve tu cuerpo. Toca algún tambor o instrumento, aplaude, baila o canta. Mueve tu cuerpo durante 30 segundos, a ver qué cambia. Ve aumentando el movimiento de uno a dos minutos y así.

También puedes poner un temporizador durante 15 minutos y escribir la siguiente frase: Algo que mi cuerpo no quiere que sepa es ________________ (termina la frase). Hazlo durante 15 minutos, luego rómpelo y sigue con tu día a día.

. . .

Recuerda que el maltrato no es un hecho aislado en sí: es una experiencia donde todo tu cuerpo es partícipe, es decir, ninguna parte de ti se salva, pero a pesar de ello, puedes cambiar los sentimientos más rápido de lo que crees.

Actúa en función al mensaje que te da tu cuerpo.

En mis clases, le digo a mis pacientes que se imaginen que ponen la cabeza en una hamaca junto a la playa y que le den a su cuerpo la oportunidad de reconocer lo que siente. Para la mayoría, la mente se ha convertido en el lugar desde donde experimentar la vida, pero es importante incluir la sabiduría y la consciencia que nos transmite el cuerpo. El cuerpo lo sabe todo, sólo que desconoces cómo conectar con su sabiduría. Así que una y otra vez, repite: "Hola, cuerpo. Hola, cuerpo. Hola, cuerpo". Y puede que te sientas vulnerable cuando lo hagas, pero puedes entrar y expandir ese espacio de vulnerabilidad, y ello te permite recibir aún más.

Nuestros cuerpos son adaptables e inteligentes, tienen capacidades asombrosas y cuando descubrimos todo lo maravilloso que pueden hacer, podemos hacer un buen uso de esa fuerza arrolladora y dinámica.

EJERCICIO: UN NUEVO DÍA

Imagina por un día que tu cuerpo tuviese razón en todo. Sea cual sea el estado de consciencia, imagina que te comprometes a actuar en base a sus necesidades. ¿Qué crees que traería esto como consecuencia?

En resumen, probablemente te has acostumbrado a juzgar a tu cuerpo a toda hora, ignorando sus señales y peticiones y anteponiendo las necesidades de los demás por encima de las tuyas. Parte del proceso de sanación consiste en tu reconciliación con tu cuerpo y que vuelvas a ponerte en contacto con su sabiduría. Tu cuerpo sabe mucho más de lo que crees o percibes, y cuando le des la prioridad que merece, inclusive más que a tu mente misma, y aprendas a escucharlo, te abrirás a la plenitud y bienestar no solo contigo mismo sino también con la madre Tierra.

6

LAS RELACIONES SENTIMENTALES Y LA SEXUALIDAD

Cuando has sufrido experiencias de abusos a cualquier nivel y circunstancia, el sexo y las relaciones sentimentales no resultan nada fáciles, pues para que una relación funcione, tu cuerpo tiene que estar presente, pero como hemos comentado en el último capítulo, allí es donde se almacenan todos los traumas relacionados con el abuso.

Cuando tenemos relaciones sentimentales, podemos experimentar las siguientes experiencias:

- Inventas o te imaginas situaciones que crees que estén pasando en tu relación, pero que en realidad no estén pasando.
- Abandonas o ignoras tu cuerpo durante el acto sexual.

Si puedes deshacerte de esas suposiciones o inventos que tanto te atormentan y aprendes a permanecer en tu cuerpo dando todo de ti, experimentarás la conexión e intimidad a un nivel completamente nuevo y diferente.

INVENTAR TU RELACIÓN

Las relaciones pueden ser buenas y prósperas, pero también pueden estar llenas de conflicto, trauma, drama y dolor. La mayoría no ve la parte positiva de armonía y más bien, se centran y dejan llevar por los conflictos todo el tiempo. Piénsalo bien y analiza: ¿Tus relaciones son divertidas, te sientes a gusto? ¿O te la pasas molesto o contrariado todo el tiempo? ¿Vives en armonía con tu pareja o no comparten mucho?

Gran parte de los problemas en las relaciones provienen de la invención de los mismos. Esas invenciones son las mentiras que te creas, lo que inventas y las historias sobre lo que ocurre que no son realmente ciertas. Y estas invenciones no solo acontecen en tus relaciones sino también aparecen y las creas en otros aspectos de tu vida.

Creamos nuestras respuestas, reacciones y comunicación basándonos en las invenciones que tenemos sobre la relación. Nos impiden experimentar la verdadera intimidad que deseamos. ¿Por qué este patrón es tan frecuente en los abusos? Pues porque vuelve, como siempre, a la jaula invisible.

Cuando estás encerrado en la jaula, nada más hablas contigo mismo.

Te inventas una conversación contigo mismo basada en tus patrones y experiencias y luego proyectas esas conclusiones hacia tu pareja, seres queridos, hijos, etc.

Y lo peor es que nunca transmites de manera clara lo que realmente pasa dentro de tu mente a tu pareja o a esa persona con la que compartes y disfrutas y más bien, distorsionas lo que te está sucediendo debido a tus proyecciones, y así, la relación se va deformando y deteriorando y en lugar de mirar de frente y claro a la persona que amas, la visualizas como una persona que no soportas, es decir, exteriorizas tu rabia desde la voz reprimida de tu interior, sin que tu pareja sepa lo que realmente ocurre.

Estos "inventos" son como un gas silencioso, que se filtra en la relación pero que no se menciona. Y tal vez ni siquiera sepas que son inventos, pues no te das cuenta, porque terminas creyéndotelos y actúas así en consecuencia. Mientras sigues aferrado a una vida de inventos, así mismo permaneces encerrado en la jaula, y, por consiguiente, encierras a tu pareja también.

Y como nunca le terminas de decir a tu pareja lo que acontece, a su vez, no te pregunta ni plantea nada para evitar discutir. Tal vez lo único que te diga sean frases como: "Estás loco" o "siempre haces lo mismo" o "necesitas ayuda". Pero no saben cómo preguntarte ni plantearte lo que te pasa. Si ni tú mismo sabes lo que ocurre contigo, menos van a saber los que están a tu alrededor.

Señales de que te inventas tus relaciones

El primer paso para deshacerte de tus inventos y entrar en el espacio de la verdadera armonía, es reconocer y descubrir lo que inventas de tu relación, reconocer que lo que vives no es verdadero, pues esas invenciones dañan la intimidad y comunión con tu pareja.

Entonces, ¿cómo saber si inventas tu relación? Hay cuatro señales para detectarlo:

1. Tus necesidades no importan y las que predominan son las de tu pareja.
2. Eres dependiente de tu pareja y al mismo tiempo te sientes resentido con ella.
3. Llegas a acuerdos tales como: "Si me cuidas, me mantienes segura y protegida económicamente, yo igual cuidaré de ti, te haré comida y te atenderé. Haré todo lo que tú me pidas".

4. Ya no reconoces quién eres. Eres un personaje acartonado que ha perdido su esencia y que no corresponde a tu verdadero yo. Crees que tienes que ser o actuar así para ser amado y lo más probable es que nunca te hayas preguntado si realmente quieres ser o actuar así.

Tus inventos se basan en el pasado

Los inventos que sigues cometiendo en tus relaciones se basan en los viejos patrones de abuso que experimentaste. Por lo general, son patrones de lo que has aprendido en las relaciones o que te los has inventado tú, y están llenos de malas expectativas, separaciones, rechazos, resentimientos y arrepentimientos. De manera que, en vez de deshacerte de tu pasado y crear una nueva forma de intimidad, te bloqueas en tu jaula recreando tu pasado y encerrándote aún más en esas mentiras e invenciones y no logras ver lo que realmente tienes enfrente, que es la belleza y esencia del ser que ha decidido compartir su vida contigo.

Repites la misma dinámica con tu pareja, la misma que experimentaste durante tu infancia, creando "verdades "sobre el otro que en realidad son inventos que te creas en tu mente y en eso se convierte la manera de relacionarte y comunicarte con ellos: todo a base de invenciones que lo que hacen es restarte empoderamiento y se convierten en una dinámica de resentimiento que, en realidad, no son más que diálogos sin sentido que mantienes contigo mismo dentro de tu jaula.

No te das cuenta ni reconoces a la persona que tienes en frente y con quien compartes y basas todo en mentiras, falsas expectativas, resentimientos, etc., es decir, creas tu relación a través de un filtro, cuando en realidad, estás creando una relación basada en un cuento falso.

Entonces, esto trae como consecuencia que se crea una relación abusiva entre ambos miembros, se vuelve tóxica, pues se convierte en una guerra entre dos por todas las creencias subconscientes basadas en muchas limitantes, como las malas decisiones que tomas inconscientemente debido al diálogo equívoco que mantienes contigo mismo.

Vale la pena recordar que, si así te comportas, es probable que tus padres también se hayan comportado así, o cualquiera quienes te acompañaron cuando crecías. Mi padre se la pasaba mucho tiempo fuera de casa, y recuerdo que cuando volvía y se reencontraba con mi madre, se alegraban de verse. Pero también era consciente de que mi madre estaba dolida porque él ya no estaba más en casa, acompañándole y ayudándole con sus tres hijos. Y también sabía que, en el fondo, él no quería estar allí; él no lo decía, pero yo lo intuía. Observaba esa dinámica y percibía la diferencia entre cómo se comportaban, pero no comunicaban nada y ese intento fallido de fingir afecto no me parecía lo correcto, yo sabía que eran puras mentiras, fingían entre ellos y con sus niños también. No hablaban de los problemas delante de nosotros, pero estos problemas se manifestaban en sus acciones. Por ejemplo, mi madre golpeaba el plato en la mesa cuando daba de comer a mi padre, y él respondía con una expresión clara de odio y molestia que reflejaba en su mirada. Comunicaban con sus gestos y maneras, no con palabras y estas son precisamente las invenciones inconscientes que se dan en las relaciones y familias, que se crean con guerras, conflictos y dramas, en lugar de crearlas con armonía y unión.

Un nuevo modelo de relaciones

Las relaciones se establecen para el beneficio de cada quien,
permitiendo que tú y tu pareja
se expandan juntos, se contribuyan el uno al otro y se
brinden gozo y bienestar.

Y no es que crea en ese cuento de hadas de que nunca habrá conflictos. Pero sí creo que podemos cambiar ciertos aspectos para mejorar las relaciones, incluyendo el modo en que nos comportamos y actuamos.

Sera muy difícil crear un cambio si seguimos basando nuestras relaciones en las invenciones de los problemas, pues vives en un mundo plagado de mentiras, discutiendo y asumiendo asuntos que no son reales.

Cuando participas en discusiones en una relación y dices frases como "no sé ni por qué estamos discutiendo, "entonces sabes a lo que me refiero. A veces reconocemos cuando es una invención, pues de pronto aparece una fuerza que te detiene y te dice: "Eso fue un invento de mi parte, lo siento, era otro asunto que no tiene nada que ver contigo."

Sin embargo, la mayoría no nos damos cuenta cuando inventamos algo, porque muchas veces parece real, pues están inculcados en nuestras emociones. El tema es que las emociones se desencadenan *basándose en nuestras experiencias del pasado*, y cuando estamos cargados emocionalmente, hace que nuestras invenciones parezcan reales.

Cuando empiezas a desenvolverte desde la consciencia y no desde tus patrones, es cuando se te abren las capacidades para elegir, es cuando eres capaz de preguntarte lo siguiente:

- ¿Quién voy a elegir ser?
- ¿Quisiera ser una mentira o un personaje que vive atrapado dentro de la jaula de abusos?

- ¿Quisiera levantarme con poder de decisión y tenacidad de consciencia para crear en mi entorno armonía y unión?

Tienes la opción de abrirte y de crear nuevas posibilidades y de experimentar juntos una mayor expansión en todos los aspectos posibles de la relación: en la unión, vida sexual, en lo financiero, físico, emocional, mental, psicológico y espiritual.

ACTIVIDAD. EJERCICIO: CREENCIAS CON RESPECTO A LAS RELACIONES

Escribe todas las creencias que te rondan en la cabeza con respecto a las relaciones y hazte la siguiente pregunta: "¿Es realmente cierto?". Hazlo en base a lo que estés pensando, sintiendo o percibiendo.

Una de las técnicas que he utilizado en Access Consciousness® es la herramienta de lo ligero o lo pesado para identificar si es verdadero o falso. Pregúntate: "¿Es esto cierto?". Si se siente ligero significa que lo es, si se siente pesado significa que necesitas hacer más preguntas y que probablemente te estés creyendo esa mentira inventada.

Si estás en una relación, habla con tu pareja después de haber completado este ejercicio. Hablen si fuera beneficioso entablar la conversación con un tercero, y de ser así, sugeriría buscar un consejero para mediar en algunas de las partes más complicadas. **

Abre la puerta de la jaula para que haya armonía y unión. Comparte lo que has estado creyendo, percibiendo y de lo que eres consciente para que puedan ayudarte a ver la verdad, más allá de tus propios filtros. Mientras lo haces, ábrete a la posibilidad de que lo que compartes podría estar basado en una mentira que ha estado dando vueltas en tu mente debido a experiencias anteriores. Lo que se busca es abrir un nuevo nivel de comunicación consciente en la relación, más allá de lo que ambos han tenido programados en sus mentes y que le hacen creer que es todo cierto. La verdadera unión más allá de los prejuicios los ayudará a liberarse de su prisión en la jaula.

**Esta evaluación de tu relación es para que te liberes y dejes de vivir enclaustrado en la jaula de abusos. Podría ser beneficioso hablar con alguien experto primero, y posteriormente abrir la puerta para las conversaciones más difíciles y complejas con tu pareja.

EL SEXO Y LAS RELACIONES

Este es el tema donde pueden surgir muchos problemas, sobre todo si el abuso que has sufrido ha sido de naturaleza sexual. Si efectivamente lo has sufrido, puede ocurrirte que no estés presente o "desaparezcas "en las relaciones sexuales. En el capítulo dos, hablamos de desconexión. Entonces, desaparecer durante el acto sexual, es como huir hacia un lugar seguro, es decir, adentrarnos más en la jaula, y esto trae como consecuencia problemas e insatisfacciones en las relaciones sexuales.

¿Desapareces o evades durante las relaciones sexuales?

A continuación, presentamos el siguiente escenario. Vamos a ver si te resulta familiar:

Te encuentras de espaldas en una postura que supondría agradable, para divertirse y sentir placer, pero de pronto podrías sentirte incómodo. Podría ser la mirada de tu pareja o algún gesto que te recuerde a aquella experiencia abominable. En ese instante, tu mente se devuelve hacia el suceso, a los recuerdos, a las respuestas de huida y conflicto, etc. Y de pronto, contienes la respiración, pues te sientes más seguro desapareciéndote de tu cuerpo, dejando que la experiencia pasada te domine y reviviéndola una vez más. Te disocias y separas de ti mismo, pero no lo expresas, en gran parte, porque tal vez se asemeja a la misma posición que adoptaste cuando fuiste abusado. Te quedas ahí, postrado y pasando por ello nuevamente y así los barrotes de tu jaula se aprovechan de la situación y te encierran. De manera que lo más probable, es que no hayas experimentado ningún tipo de placer y de ser así, no ha sido del todo satisfactorio. Tal vez finjas que fue divertido. Cuando esto ocurre, puede que te preguntes:

- ¿Qué me pasa?
- ¿Qué hay de malo en mí?
- ¿Volveré a disfrutar del sexo?

A continuación, compartiré mi perspectiva sobre estas tres preguntas.

¿Qué me pasa?

¿Qué está pasando realmente dentro de la jaula del abuso cuando esto sucede? Pues que el gozo y placer en el sexo no se reciben porque tus necesidades se han vuelto invisibles.

Estás viviendo los prejuicios que sucedieron durante tus experiencias de abusos, es decir,
has dejado de palpar y de existir. Tus necesidades son limitantes y ya no importan. Tú no importas.

De manera que, durante el sexo, no expresas tus necesidades y entonces las de tu pareja se vuelven las más importantes. Pero imagínate ¿cómo puede ser el sexo divertido y placentero si no lo vives ni estás presente?

¿Qué hay de malo en mí?

Créeme, no hay nada de malo en ti. Sé que esto lo has escuchado otras veces y de muchas formas, pero la experiencia de desaparecer durante el sexo no es algo de lo que tengas que avergonzarte. A mí me ha pasado y a mis pacientes también, pero la buena noticia es que hoy en día, vivo experiencias sexuales realmente placenteras, radicales y orgásmicamente vivas. Y esto quiere decir que tú también lo puedes experimentar.

Si continúas desapareciendo y estás como ausente, permaneces encerrado en la jaula. Así que, el primer paso cuando esto suceda es darte un respiro. Recuerda, no hay nada de malo en que eso ocurra, sólo tienes que reconocer que efectivamente ha ocurrido y que eso es lo que te hace desaparecer, desconectar o disociar. Recuerda, puede ser algo que tu pareja haya dicho o hecho, o alguna forma de contacto que haya desencadenado el recuerdo del abuso. Así que debes reconocerlo e inclusive hablar de ello, porque la mayoría no habla de estos temas, pues son tabú y nos la pasamos con nuestros cuerpos rígidos y congelados, debido a que nos separamos energéticamente. Cuando reconoces lo que te está ocurriendo, das paso a una nueva historia de tu vida que es en el ahora, contigo mismo y con la persona con quien compartes y te reconcilies.

¿Volveré a disfrutar del sexo?

Puedes disfrutar del sexo nuevamente si estás dispuesto a permitir que tus necesidades sean la prioridad y le des la importancia que merecen. Y esto significa que te elijas a ti y que ya dejes de ser invisible de una vez por todas. Por lo tanto, es elemental que detengas la guerra de prejuicios contra ti.

En el último capítulo, hablamos de reconectar con tus áreas de placer, divirtiéndote y sintiéndote a gusto con tu cuerpo. Así se logra la armonía en todas las facetas y no tiene que ser solo en el ámbito del sexo.

Cómo detectar si has abandonado tu cuerpo durante el sexo

Si abandonas mental o emocionalmente tu cuerpo o el de tu pareja en medio del acto sexual, lo que pueda sentirse bien y placentero, puede sentirse tosco y pesado. Y esta es la primera señal de que te lo ha provocado algo en específico, y eso hace que te enclaustres de nuevo en tu jaula invisible. De manera que es evidente de que te estás juzgando a ti mismo y de que se te ocurran pensamientos por la cabeza como: "Hazte presente. Esta es tu pareja. No estás sintiendo nada. Se dio cuenta de que estás como ausente."

También podría ser algún prejuicio sobre cierta parte de tu cuerpo lo que te hace regresar a tu jaula. Por ejemplo, tu pareja empieza a tocar una parte de tu cuerpo, con la que no te sientes cómodo, como las caderas, y empiezas un diálogo interior ¿Cómo pueden tocarme ahí? Estoy tan gordo y sin gracia, "y así sientes una carga y te contraes por el hecho de que alguien te quiera y desee. Y a medida que esos pensamientos se van replegando más en tu cabeza, más te sigues separando. Y, sin que te des cuenta, te limitas y dejas de estar presente.

Estar más presente durante el sexo

¿Has estado realmente presente durante el sexo? De ser así, seguramente sabes que es una experiencia mucho más agradable. Y si no ha sido así, tienes la opción de reeducar tu cuerpo para que eso sea posible.

Lo primero que tenemos que hacer es reconocer la energía que no nos permite estar sexualmente presentes. Es una llamada de atención para escaparnos de una situación que nos mantiene sonámbulos. Puedes cambiar esta energía maligna reconociéndola, cuestionándola, abrazándola y encarnándola. Es los más parecido a surfear una ola en el mar. ¿Has intentado alguna vez surfear una ola en el mar? Pues la ola siempre gana y tú pierdes. Sin embargo, si la vas surfeando dentro y fuera, arriba y abajo, así te vas divirtiendo y deslizando hasta que de pronto, llegas a la orilla y le ganas.

En lugar de intentar arreglarte o decir que eres un problema, o tener un problema que necesita ser resuelto, o juzgarte por ello,

¿qué tal si empiezas a reconocer tu cuerpo como la verdadera presencia que es?

¿Y qué tal si reconoces tu cuerpo ahora mismo, en este preciso instante?

Pon tu mano en el centro de tu corazón y la otra en el hueso púbico.

¡Respira!

Di: "¡Hola, cuerpo! ¡Hola, cuerpo! ¡Hola, cuerpo!"

¡Respira!

Para ir más allá y reencontrarte con tu cuerpo, debes observar y prestarle atención a sus necesidades, en vez de prestarle atención a sus limitaciones. Las limitaciones te separan de ti mismo y de tu concentración y gozo en el acto sexual La posibilidad sería entonces reconocer durante el acto lo que está sucediendo. Analiza tu interior a ver cómo te sientes: ¿Te sientes tenso, pesado y contraído o ligero, expansivo y libre?

¿O un poco de las dos formas? A continuación, pregúntale a tu cuerpo qué necesita para cambiar el patrón.

ACTIVIDAD. EJERCICIO: CONSCIENCIA SEXUAL

Hazte las siguientes preguntas:

¿Qué beneficio te trae desaparecer y estar ausente durante el sexo?

¿Te sientes a salvo o te protege?

¿Has tenido el control en algún nivel?

Si pudieras pedir algo en ese instante, ¿qué sería? Quizás no hayas interrumpido a alguien durante el acto, o quizás siempre lo has hecho. En cualquier caso, ¿te gustaría cambiar algo? Y, de ser así, ¿qué sería?

Despertar

Si estamos entablando esta conversación acerca de desaparecer o permanecer ausente durante el sexo, es porque te estoy invitando a que despiertes de ese mal sueño. Esto incluye a que eches un vistazo a lo que estás eligiendo consciente o inconscientemente, y así averiguar si eso te está funcionando. Lo que tienes que hacer es hablar contigo mismo con relación al sexo y así te darás cuenta lo vital e importante que es para ti.

Hay que tener agallas, ser valiente para estar presente y observar lo que realmente ocurre en la relación sexual con tu pareja.

¿Te interesa que las cosas sigan igual o te interesa ser sincero contigo mismo?

Tomar la decisión de estar presente durante el sexo te permite vivir de forma más consciente y auténtica en todos los niveles. Cuando eliges estar conectado con el sexo, permites que el acto sexual te nutra y te honre, en vez de que te desconecte y te paralice y durante el proceso, le pones fin al ciclo de abusos, es decir, eliges lo que es más beneficioso para tu cuerpo, que son tu sexualidad y tu ser. Y precisamente esa es una de las claves para vivir radicalmente.

Hay algo que siempre les digo a mis pacientes y es que valoren su tiempo, lugar y espacio en el ahora, es decir, este es mi marido, esta es mi pareja, son las 2 de la tarde del sábado, esta es la persona que amo y es con quien elegí tener una relación "y luego le preguntas a tu cuerpo: "cuerpo, ¿qué te pasa?"

A medida que te conectas con tu cuerpo y lo escuchas, corresponde una forma de ir por más y de vivir radicalmente, yendo más allá del piloto automático hacia el compromiso, más allá del sufrimiento hacia la alegría. Porque en ese momento, lo único que ocurre es que te has separado de tu marido o de tu pareja. Y, por ende, te has separado del don de recibir. Este es un patrón: una forma de ser que te separa de todos los niveles de poder recibir ya sea en el ámbito financiero, emocional, físico o inclusive en el sexo.

En resumen, las dos formas más comunes de experimentar problemas en las relaciones cuando hemos tenido experiencias de abusos son la invención de problemas y la desaparición y ausencia durante el sexo. Estos problemas no son exclusivos de los historiales de abuso, pero definitivamente prevalecen en muchas personas que han sido abusadas. Adquirir más consciencia sobre los hechos de que efectivamente nos inventamos los problemas y conectarnos más con nuestros cuerpos debido a que no hemos atendido su llamado, pues los hemos abandonado, son las maneras eficientes de resolver estos desafíos y así estar más presentes en las relaciones.

En el próximo capítulo, exploraremos la tercera forma en que las experiencias de abusos impactan nuestras vidas, que es en nuestra área profesional y financiera.

7

EL DINERO Y LA CARRERA PROFESIONAL

¿Te has dado cuenta de que la repercusión de abusos también se manifiesta en tus finanzas y carrera profesional? Tal vez sea menos evidente que en la relación con tu cuerpo y las relaciones sentimentales, pero igual causa estragos en esos ámbitos. Y la causa principal es que no nos valoramos a nosotros mismos y como resultado, nos censuramos y limitamos. Nos conformamos con trabajar para un jefe o superior que no sea cordial, respetuoso ni amable, y ponemos en riesgo nuestros sueños, socavando nuestro valor en el proceso, pues todas ellas representan formas de abuso.

Cuando pensamos en abusos, pensamos solamente en físico o sexual, pero existen otros tipos de abusos en otros modos y presentaciones, que nos han ido perjudicando en aspectos como recepción de dinero o éxito con nuestras finanzas.

En este capítulo, vamos a centrarnos en cómo hemo podidos bloquear el flujo de dinero debido a nuestra programación o condicionamiento. También veremos cómo tal vez hemos permitido que otros abusen de nosotros en torno al dinero y finanzas.

Abuso en torno al dinero

Los abusos con respecto a las finanzas y el dinero son más difíciles de diagnosticar. A veces, no somos conscientes de las creencias o puntos de vista que mantenemos en torno al dinero, o del secretismo y la vergüenza que arrastramos y ello se convierte en una sombra con respecto a la manera en que interactuamos con el mismo.

Esta sombra en torno al dinero siempre está ahí, acechando. No sabes exactamente lo que es, tan solo se siente "rara" o "malo". No estás del todo seguro porque no parece un caso de abuso, al menos no de la forma de abuso físico o sexual.

Tu programación con respecto al dinero

Puede que no haya mayor manipulación que el control con el dinero en tu lugar de trabajo, con familias, en iglesias, en los cultos o religiones. Y todo tiene que ver con el adoctrinamiento, porque es una manera de mantener a las personas fuera o lejos de vivir radicalmente, y así mantenerlos limitados, bloqueados y contraídos. Es la forma en que se nos controla y nos obliga a permanecer achicados, lo que nos hace sentir que valemos menos.

Desde que nacemos, recolectamos inconscientemente todo tipo de ideas desfasadas en torno al dinero. Nos dicen: "El dinero es la raíz de todos los males" o "Hay que arroparse hasta donde llegue la cobija. Se nos entrena para no ir más allá de lo que nuestras familias han logrado o ganado. Gran parte de nuestra programación cultural nos enseña que la mediocridad es algo bueno y que es el entorno por el que debemos apostar. Y así, nos desenvolvemos y avanzamos en base a esas teorías inconscientes, cuando algo en nosotros nos dice que debe de haber algo más de lo que nos hemos conformado.

En uno de mis programas de radio fui host junto a Simone Milasas, quien es una mentora de negocios de renombre mundial. Le pregunté a Simone cuáles eran los mayores bloqueos que veía en las personas a las que entrena para que pudiesen tener una relación más cordial y afín con el dinero. Destacó que la mayoría de los bloqueos provienen de la incapacidad de las personas en superar sus historias en torno al dinero.

Compartió cómo un amigo suyo había experimentado una historia de abuso con respecto al dinero. Sus padres solían discutir todo el tiempo y decían: "no podemos lograr esto porque tenemos un hijo" o "no tenemos dinero ahora porque tenemos un hijo". Él era hijo único y creció toda su vida pensando: "mis padres no tienen dinero porque me han tenido a mí" y "tengo que compensar el daño que he hecho al nacer".

En la época del programa de radio, seguía viviendo con sus padres; trabajaba e intentaba mantenerlos en lugar de hacerse su propia vida. Es el mensaje que recibió y que siempre escuchó a lo largo de su infancia, y por ello sigue eligiendo vivir esa misma historia en el presente.

Este tipo de patrones que aprendemos e imitamos, se convierten en una forma de mimetización biomimética. Si recuerdas el capítulo cuatro, sucede cuando repetimos lo que nos han enseñado. Seguimos abusando de nosotros mismos en torno al dinero, repitiendo las condiciones y patrones de nuestra programación previa. Se nos enseña a reproducir el dolor, las decisiones, prejuicios, planes y realidades de otras personas en torno al dinero sin siquiera darnos cuenta, lo que disminuye considerablemente nuestra capacidad de elegir nuestra propia realidad al respecto.

Abusando de nosotros al no pedir dinero

No son sólo los patrones del pasado los que se convierten en nuestros abusos y problemas en torno al dinero, sino también descubrimos que abusamos de nosotros mismos al no ser capaces de pedirlo. Lo hacemos fingiendo que el dinero no es tan importante o que podemos prescindir de él. Y lo que en realidad sucede es que tenemos miedo de reclamar nuestro propio valor y sólo nos atrevemos a pedir pequeñas cantidades, porque así nos vemos, diminutos, y no nos atrevemos a pedir lo que realmente valemos.

El universo está ahí con mucho que ofrecernos, y nosotros ni siquiera se lo pedimos.

— SIMONE MILASAS

Hay una gran diferencia entre lo que necesitas para vivir y lo que se requiere para vivir una vida llena de posibilidades. Reitero, esto tiene que ver con tus vivencias del pasado. Quizás te regañaban por pedir lo que querías, o te enseñaron a sentirte limitado, aislado, o que no merecías nada. Y mi pregunta al respecto es:

- *¿Esos regaños te siguen susurrando?*
- *¿Te sigues sintiendo diminuto y aislado, pidiendo menos porque alguien así te lo enseñó?*
- *¿Qué pasaría si, en cambio, se te permitiera pedir dinero, y no sólo lo suficiente para pagar las rentas?*

En nuestra entrevista, Simone dijo: "Creo que valemos más que nuestras cuentas y facturas. ¿Qué pasaría si empezaras a reconocerte y a darte tu puesto y tu verdadero valor? ¿Cómo se sentiría?".

ACTIVIDAD. EJERCICIO: CONSCIENCIA DEL DINERO

¿Quién te ha dicho que no puedes "pedir más"?

¿A quién crees que imitas?

¿Cuánto estrés hay en tu vida por causa del dinero?

¿Te das cuenta de que esto representa una manera de limitarte y una forma de abuso?

En mi libro, *Las mentiras del dinero,* y en mis talleres sobre dinero y finanzas, hago estas tres preguntas:

- ¿Quién estoy siendo?
- ¿Qué estoy siendo?
- ¿Qué mentira estoy comprando?

Y lo que he descubierto es que los problemas con el dinero son principalmente limitaciones que nos ponemos para poder "recibir". Dependiendo de lo que signifique recibir para ti, proyectas esas ideas con respecto al dinero (y también otras formas de recibir). Por ejemplo, vas a tomar un café y estás pensando y lidiando con temas de dinero todo el tiempo, te sientes carente y limitado, lo que hace que te pongas tenso con todo y con ese tema en particular. Cuando pagas el café, en lugar de dejar la propina de un dólar que sueles dejar, optas por no dar propina porque estás preocupado por el dinero y aquí aparecen las situaciones donde se te presentan los Crecimientos Postraumáticos, y aquí es cuando vale la pena hacer una pausa y preguntarte: "¿Quién estoy siendo?" (mi madre), "¿Qué estoy siendo?" (penosa), y "¿Qué mentira estoy comprando?" (tengo poco dinero, así que no puedo dar una propina). Una vez que reconoces que se trata de una burda mentira, te sientes libre de dar la propina que quieras para que rompas ese ciclo.

ESTRÉS Y MALESTAR EN TORNO AL DINERO

Si la deuda de tarjetas de crédito y la forma en que usas el dinero te están creando estrés, toma consciencia de ello y acéptalo. La mayoría de la gente no quiere mirar sus problemas de dinero o sus cuentas bancarias. No quieren saber cuánto necesitan generar y crear cada mes, sólo quieren permanecer en ese círculo vicioso. Se encierran en la creencia de "si gano esta cantidad, voy a estar bien". Sin embargo, para que algo cambie, tienes que salir de esa zona de confort y prestar atención a todos los aspectos. Si te abres y tomas consciencia de todo lo relacionado al dinero, te permite generar y crear mucho más allá de tu zona de confort actual.

El dinero existe desde hace mucho tiempo. Incluso desde cuando intercambiábamos huevos por cerdos, como hacíamos con los sistemas de trueque, lo cual también era una forma de comercio. Tienes conceptos erróneos al respecto, así que sé amable contigo mismo, pero tampoco abuses de tu nobleza, es decir, ten disposición a que se produzca y aparezca el cambio, pero si no cambia de la noche a la mañana, no te juzgues ni abuses, ni te desesperes por ello.

— SIMONE MILASAS

PREGUNTAS: ¿CÓMO SE HABLA DE DINERO?

¿Qué ocurre cuando hablas de invocar para que aparezca más dinero? ¿Estás dispuesto a recibirlo?

¿Cuándo lo haces te sientes ligero o sientes una carga?

¿Qué sucede con tu energía cuando dices que no puedes permitirte tal o no puedes ir a tal? ¿Te sientes ligero o sientes una carga?

¿Qué estás provocando en torno al dinero a través de las palabras y el lenguaje que utilizas?

En realidad, se trata de una elección para despertar y dejar de abusar de uno mismo en todos los niveles, incluso con el dinero. La gente me dice a menudo: "No es tan fácil dejar de abusar de uno mismo". Pero en realidad, créeme que sí lo es. Es fácil si recuerdas y afirmas que todo se trata de una elección y así eliges despertar y darte cuenta de cómo te estás comportando y del daño que eso te está haciendo. Puedes tomar la decisión de cambiarlo si descubres internamente lo que te ocurre y, en ese momento, te detienes y te haces las siguientes preguntas:

- ¿Me siento ligero?

- ¿Me siento bien?
- ¿Esto me está destruyendo o está abusando de mí?
- ¿Esto me nutre?
- ¿Esto me ayuda a construir el futuro que deseo?

EL LADO ÍNTIMO DEL DINERO

¿Qué grado de intimidad tienes con el dinero? En otras palabras, ¿cuánto sabes sobre el dinero que estás fingiendo no saber o negando que sabes? Cuando nos permitimos reconocer lo que realmente sabemos sobre el dinero, en lugar de funcionar a partir de lo que nos han enseñado o hemos aprendido hasta ahora, podemos dar paso a un increíble flujo de abundancia en nuestras vidas. Sin embargo, cautivos en nuestras jaulas, nos encerramos en nuestros puntos de vista retrógrados, limitaciones y creencias tales como: "no valgo y no sirvo para nada", o "tengo un límite para lo que pueda recibir". Estas ideas preconcebidas y sistemas de creencias convierten al tema dinero en algo que es más fuerte que tú y ejerce un superpoder que hace que te devalúes y te degrades.

Es importante señalar que nuestra consciencia es un amplio colector de energía que almacena información desde que tenemos uso de razón. En distintas tradiciones y culturas, las familias e individuos mantienen creencias limitantes acerca del dinero y del don de recibir desde la época del imperio romano. ¿Conoces tu historia ancestral y tus puntos de vista con respecto al dinero? Pues fíjate que nuestra propia consciencia nos puede llevar a la devaluación y a la degradación de esos sistemas. Comprender esto podría hacerte cuestionar si lo que crees realmente pertenece a tus criterios.

Dinero "sucio"

Nuestra relación con el dinero a veces nos lleva a prostituirnos o a hacer cosas que no deseamos. Y no me refiero de vender nuestros cuerpos por sexo, sino a realizar trabajos que no queremos hacer a cambio de dinero. La mayoría se dedica a oficios o profesiones que no les gusta o se dedican a lo que sus padres les obligaron e inculcaron porque pagan mejor o es mejor que ser un "artista muerto de hambre". La pregunta es, ¿te satisface o disfrutas tu trabajo? ¿Te sientes agotado y agobiado al final del día?

También tenemos percepciones y diferentes puntos de vista sobre la procedencia y el tipo de dinero que aceptaríamos o no en nuestras vidas. Y esto trae como consecuencia el rechazo o la "cancelación" de recibir dinero.

Dinero polvoriento, dinero proveniente de drogas, dinero mal habido, dinero bueno, dinero limpio, toda gira en torno a la idea de que nos ensuciamos con el dinero. Nos juzgamos por ciertas cosas en torno a lo que es aceptable hacer por dinero o por lo que no es.

— *KASS THOMAS*

ACTIVIDAD. EJERCICIO: AFIRMACIÓN AL DINERO

En todos los lugares en los que hoy he "cancelado" el dinero, lo revoco y lo recibo ahora. ¡Gracias! ¡Me siento agradecido y pleno!

En todos los lugares en los que he "cancelado" recibir hoy, lo revoco y lo recibo ahora. ¡Gracias! ¡Me siento agradecido y pleno!

En todos los lugares en los que he "cancelado" que yo fuera yo hoy, lo revoco y lo recibo ahora. ¡Gracias! ¡Me siento agradecido y pleno!

Todo esto tiene que ver con la sombra que nos avecina con respecto al dinero, la cual nos mantiene encerrados en nuestra jaula invisible. Cuando permitimos que el dinero no fluya en nuestras vidas, caemos en los comportamientos correspondientes de las 4 D (negar, defenderse, disociarse, desconectarse), creando una "realidad financiera" que no nos pertenece ni merecemos.

En resumen, hay varias formas en las que abusamos de nosotros mismos por causa del dinero. Nos ponemos limitaciones en lo que creemos que podemos recibir, basándonos en nuestras experiencias y pensamientos. Nos devaluamos porque fuimos devaluados en situaciones de abuso. Para tener buena relación con el dinero, tenemos que reconocer lo que nos pertenece y también las ideas que estamos comprando y que pertenecen a otras personas. Debemos darnos cuenta de que lo que hemos creído como verdad sobre el dinero es pura mentira. Existe la posibilidad de ganarlo si exploramos nuestra verdadera relación con él, pues resulta complejo y confuso para nuestra consciencia. Pero cuando se logra, elegimos a nuestro y beneficio.

PARTE III

ESCAPAR DE LA JAULA

MÁS ALLÁ DEL ABUSO. VIVIR RADICALMENTE

8

RECONCILIARTE CON LA JAULA DE ABUSOS

Cuando hablo de reconciliación con la jaula de abusos, me refiero a conectarnos con nosotros mismos, desde un lugar más allá de la locura e inestabilidad que nos ha creado el encierro en esta jaula. Reconciliarse con la jaula de abusos significa conectarse con la libertad, la alegría y el mundo de posibilidades que aguarda por ti. No hay que recuperar nada para salir de la jaula, y aquí es donde mi enfoque difiere radicalmente, porque debes aprender a elegir más allá de lo que te haya ocurrido hasta ahora.

Podrás aprender cómo elegir más allá de continuar con los traumas pasados, es decir, descubrirás cómo liberarte de lo que lo que te ocurrió y que eso no domine más tu vida. En mi caso, elijo y decido no permitir que el abuso que experimenté me defina. Es un proceso constante en el que elijo cómo desenvolverme en cada momento y difiere mucho de los modelos de terapias tradicionales. Esto contrasta plenamente con la creencia de que existe algo roto que necesita arreglarse y que, cuando se arregle, es cuando todo volverá a estar bien. Cuando tenías tres años, tuve una experiencia horrible de abuso, en la que mi consciencia abandonó mi cuerpo y retuvo la violencia y violación que se producía en mi cuerpo diminuto y angelical. Recuerdo que decidí un día que no importaba lo que "ellos" le hicieron a mi cuerpo, que nunca me tendrían a MÍ y nunca podrían quitarme mi elección de ser YO. Tú todavía tienes la capacidad de elegir ahora, así como yo lo hice para ese entonces, a pesar de que aun luches contra el dolor y la negatividad. El ser que eres, nunca, pero nunca podrá romperse. Puedes sentirte roto, pero nunca en realidad, podrás estarlo.

Si de algo estoy segura, es de que todos tenemos nuestras historias.

Todos fracasamos, recibimos golpes o cosas peores a lo largo del camino.

También creo que, más allá de lo indigno, del abuso, traumas o contratiempos que suframos, NUNCA estamos rotos. La felicidad pertenece a todos.

— *JEWEL*

A lo largo de que he ido ofreciendo apoyo a miles de personas en todo el mundo, para que puedan superar sus traumas de abusos, me he dado cuenta de que no pueden salir de sus jaulas con una solución rápida, más bien se tienen que armar de fortaleza y paciencia. Primero tenemos que aumentar nuestro nivel de consciencia (reconocer la jaula) como lo estamos haciendo hasta ahora. "Ah, ¡eso es!", eso es lo que oigo a menudo a todos mis contactos y pacientes. Le estamos dando un nombre a un sentimiento palpable, pero que nunca reconocemos. Siempre digo que es como un elefante defecando en una habitación que todos ven pero que, sin embargo, todos guardan silencio, pero llega un momento en que no lo podemos ignorar, porque apesta tanto, que ya no hay más remedio que enfrentarnos a ello.

En este libro vamos a profundizar nuestra consciencia dentro de la jaula invisible. También compartiré herramientas y procesos que aumentarán y desarrollarán tu consciencia y te ayudarán a elegir más allá de la jaula.

CONSCIENCIA

Como has leído a lo largo del libro, una de las principales herramientas que sugiero que utilices para vivir más allá de la jaula es la toma de consciencia. Esto significa ser consciente de cuándo y cómo te desenvuelves dentro de la jaula, y darte cuenta de cómo tu encierro ha aumentado en la misma. Uno de los participantes en mi programa de radio me preguntó: "¿Cuál es la diferencia entre ser consciente y estar alerta?". Es una pregunta interesante.

Estar alerta es cuando te encuentras en un estado vigilante *dentro de la jaula*. Es un estado en el que esperas que todos te molesten, es vivir en alerta roja todo el tiempo.

Vivir con consciencia es diferente. Cuando eres consciente, estás conectado a una consciencia universal e infinita. No te alineas ni estás de acuerdo con nada, y no te resistes ni rechazas nada. En otras palabras, no te sientes apegado a tu punto de vista ni necesitas defenderlo. Simplemente lo aceptas y ya. Te conviertes en observador o testigo y eliges responder de la manera más conveniente y beneficiosa para ti, sin ataduras ni prejuicios.

ACTIVIDAD. EJERCICIO: LIGERO Y PESADO

Para poder elegir desde la consciencia, puedes empezar a determinar lo que se siente liviano o representa una carga para ti. Lo que se siente liviano, es lo que deseas o lo que te corresponde y beneficia, y lo que se siente como una carga es lo que no te funciona o representa una mentira para ti.

Piensa en algo que deseabas y que ahora tienes. ¿Cómo te sentiste al recibirlo?

Ahora piensa en una situación que te gustaría cambiar. Cuando la traes a la mente, ¿cómo se siente en tu cuerpo?

Haz una lista de las personas y actividades en tu vida y observa cómo te sientes cuando piensas en ellas.

Lo más seguro es que conozcas todas las esquinas de la jaula mucho mejor de lo que conoces la libertad y las posibilidades.

- ¿Y si eligieras el modo consciencia siempre?
- ¿Qué tan diferente sería todo?
- ¿Qué pasaría si, en lugar de evadir o rechazar, eligieras ser realmente consciente de lo que ocurre?

- ¿Qué es para ti la libertad?
- ¿Cómo o cuándo sabes si eres libre?

Hay un factor importante que hay que tomar en cuenta, a medida que vas aumentando tu consciencia y es que, mientras examinas tu propia jaula, debes hacerlo fuera de tus prejuicios. Recuerda que las limitaciones y carencias con las que se crearon la jaula eran reales para ese momento, y a partir de allí, has estado creyendo en ellas porque es lo único que sabías hacer y tenías al alcance. Ahora estás descubriendo que tienes capacidad de elección, y que puedes planear y crear tu vida a partir de esta nueva consciencia.

ACTIVIDAD: CONOCE TU JAULA

Analiza cuando te sientas cautivo en tu jaula, pero consciente de que definitivamente estas atrapado allí y hazte las siguientes preguntas sin aspirar a encontrar respuestas inmediatas ni exactas. Sólo ábrete a la posibilidad de recibirlas.

¿Esto me nutre?

¿Qué haría falta para que esto cambie?

¿Qué puedo ser, hacer, tener, generar o crear hoy para que esto cambie de inmediato?

A continuación, empieza a dialogar con tu jaula: sé que has estado tratando de protegerme y has hecho lo mejor que has podido. Se que eres mi aliada y me has ayudado todo este tiempo".

Pregúntate: "¿Esto es divertido? ¿Qué puedo ser, hacer, tener, generar o crear que *se torne* divertido?" Y entonces ve y simplemente, ¡HAZLO! La capacidad de elección y la libertad se convertirán ahora en tu vida cotidiana.

Recuerda que es un proceso constante y que no es un ejercicio de una sola vez y para que funcione tienes que repetirlo una y otras veces. Lo que necesitas es concentrarte y trabajar en tu nuevo modo de consciencia para que puedas separarte de tu jaula y ello corresponde vivir situaciones diferentes mientras lo vas experimentando poco a poco. A medida que empieces a desglosar todo, surgirán otras interrogantes y variantes. La clave es prestar atención a los momentos que te sientes cautivo en tu jaula y ahí pensar en una elección diferente que te permita vivir fuera de ella.

SABER, SER Y PERCIBIR

En mi programa de radio, recibo muchas llamadas y me preguntan: "cómo hago (lucho) para salir?". Y esa creencia de que tienes que *luchar* para salir es generada por la energía de la experiencia original en la que todavía estás atrapado. Nadie va a salir de la jaula luchando. Esto sólo creará más de lo mismo y empeorará la situación. En todo caso, se trata de ser, saber y percibir algo diferente. Se trata de ir más allá de los sistemas de creencias que te han impuesto y que nunca te han pertenecido realmente. Sí, puede que los hayas asumido inconscientemente como tuyos, pero a menos que los elijas, no son realmente tuyos. Cuando intentas luchar para salir de la jaula, estás funcionando desde la misma energía destructiva con la que fue creada. Y no generas confianza en ti mismo cuando lo haces.

También he escuchado a pacientes decir: "Parece que no puedo llegar al fondo de la jaula". Quiero dejar claro que, aunque estemos utilizando la metáfora de una jaula y puedas visualizarla como algo tridimensional, la jaula en si no tiene fondo. Verla como algo que necesitas "llegar al fondo" es una conclusión que te mantendrá encerrado siempre. Si le das forma, estructura y significado, seguirás atrapado en ella. Si lo ves así, estás funcionando desde el viejo paradigma de tener que arreglar algo o llegar al fondo del asunto para poder sanar.

Tal vez sientas dolor o ansias cuando empieces a alejarte de tu jaula, pero si te mantienes en modo consciente, descubrirás que debajo de esas penas hay plena alegría. Puede que llores, pero esas lágrimas son las que derriten esos barrotes que te encierran. La capacidad de elegir crea la libertad en el momento que siempre has sabido que existe.

En resumen, le hemos puesto nombre a aquello que te ha mantenido capturado en silencio durante años o décadas. Y es probable que tus percepciones empiecen a cambiar cuando notes que los patrones y programas que antes habías asumido, ahora en realidad son consecuencias de tu jaula. Seguiremos explorando el flagelo de la jaula invisible a lo largo de este libro, al igual que presentando herramientas de cómo deshacernos de ella.

9

UNA CONVERSACIÓN TRASCENDENTAL SOBRE LA ESPERANZA

Si has vivido plagado de traumas de abusos, entonces debes estar acostumbrado a vivir sin esperanza. Mi deseo es llevar un mensaje repleto de esperanza a todos los que han sufrido experiencias de abusos, para que puedan visualizar un horizonte más allá de lo ya vivido. He descubierto que la mayoría, lo que le interesa son charlas e información sobre las oportunidades y posibilidades que puedan existir.

Hago un llamando a un cambio radical en la forma en que el mundo ve, percibe y experimenta las experiencias de abusos y no me tomo mi rol a la ligera. Creo que la cantidad de abusos físicos, emocionales y sexuales que he experimentado en esta vida, han sido un canal de entrada para ayudar a eliminar los abusos.

Así que, en este capítulo, me gustaría comenzar esta conversación trascendental de esperanza, para que conduzca a un nuevo paradigma de transformación para todos y por todos.

Más allá de todo

En mi recorrer, he ido desarrollando una serie de programas para este propósito, incluyendo Vive tu ROAR[1], tu "**R**ealidad **R**adical y **O**rgásmicamente **V**iva". El concepto clave aquí es la idea del "más allá de todo". Lo que quiero decir, es que podemos ir más allá de los parámetros de cualquier situación que nos haya sucedido antes.

Echemos un vistazo a algunos de los preceptos descritos en Vivir tu ROAR - y lo que "más allá de cualquier cosa" realmente significa, paso por paso:

- Reconocer la jaula en la que has estado viviendo y que hasta ahora te ha mantenido en el historial interminable de abusos, incapacidad y limitación.
- Reconocer que ahora tienes la capacidad de crear una nueva realidad y elegir despojarte de

---

1. *N. de T:* **ROAR** *por su nombre en inglés* "**R**adically **O**rgasmically **A**live Reality"

las estructuras y mentiras que hasta ahora te han mantenido cautivo en la jaula.

- Tener la voluntad de crear un cambio trascendental en tu vida para que puedas vivir radicalmente y más allá de tu jaula.
- Tomar decisiones que sean leves y contundentes (aunque otros te juzguen por ello).
- Crearte una vida sin límites, llena de posibilidades, oportunidades, gozo y placer.
- Permitirte vivir una vida plena, es decir, despierto, consciente y presente.
- Elige por ti en cada momento y crea tu vida en base a lo que te divierte y nutre.

Este trabajo requiere de un profundo compromiso, es como una especie de determinación y ferocidad, en su sentido más positivo, es sacar a relucir tu lado más poderoso.

"Más allá de todo" significa elegirte a ti, sin importar quién se vaya, qué desvanezca, qué acabe, qué relación dejes, qué negocio o carrera cambies, y quién o qué te deje ir.

Cuando entres en este proceso de descubrimiento y recuperación, la vida te cambiará radicalmente, tal como debería ser para ti. Para una de mis pacientes, vivir "más allá de todo" significó tomar decisiones drásticas con respecto a su carrera, que la llevaron a ganar de $20.000 a $244.000 en tan solo un par de años. Ella dice que el proceso fue todo un reto, pero que los resultados la hicieron seguir adelante.

Con mi trabajo me la paso recorriendo el mundo, y estando en casa o de viaje, siempre estoy trabajando constantemente en mi propia consciencia y percepción, utilizando todas las herramientas que tengo a mi disposición. Cuando trabajo con los pacientes en crecimiento personal y transformación profesional, al mismo tiempo hago lo mismo conmigo. Quisiera decirte que todo me ha resultado fácil la mayoría de las veces, pero obvio que no es así. He experimentado mucho dolor físico y viejos traumas que afloran todavía en mi cuerpo. Pero llegué a comprender que, en mi vida, había llegado más allá de todo lo que había alcanzado antes y más allá de mis puntos de referencia anteriores. Y aunque pueda resultar incómodo e intenso, es mi elección reconocer cualquier barrera, intensidad y dolor que sienta. Es mi propia elección para dejar así a un lado las limitaciones con las que nos hemos definido a nosotros y a nuestras vidas. Siempre podremos contar con nuestra capacidad de elección.

- ¿Elegiré la ligereza y la alegría por encima de todo?
- ¿Elegiré la energía, espacio y consciencia como una nueva posibilidad y oportunidad para mí?
- ¿Elegiré más allá de la pesadez, dolor, sufrimientos y traumas, y así dejar atrás los dramas?
- ¿Qué te da expansión y te divierte?
- ¿Qué sientes pesado o repugnante?
- ¿Cuál es el beneficio de sentirse pesado o repugnante?

Tu cuerpo tiene la capacidad de decirte todas estas cosas, pero si no estás acostumbrado, puede resultarte extraño. Por consiguiente, mientras más practiques este tipo de consciencia, más fácil y cómodo te resultara.

ACTIVIDAD. EJERCICIO: NUEVAS ELECCIONES

¿Cuál es la elección que podrías hacer ahora mismo, de la que te has estado resistiendo y que podría llevarte a la ligereza, gozo y plenitud? ¿Cómo sería esta nueva posibilidad para ti?

UN CASO DE ESTUDIO: CLIVE

Clive asistió a mi taller "Viviendo Radicalmente, más allá del Abuso" en Australia. Tenía más de 60 años y nunca había hablado de sus experiencias de abusos sexuales. Había sido violado y sodomizado por su abuelo durante 10 años cuando era un joven adolescente hasta sus 20 años, y siempre lo mantuvo en secreto. Sólo había hablado de ello con otra persona antes de entrar a mi taller en Australia y nunca había hecho ningún tipo de terapia.

Cuando compartí con Clive, la sesión duró unos 45 minutos y ocurrió en frente de todos los participantes. Él comenzó diciendo: "- No estoy muy seguro del por qué estoy aquí, y no estoy seguro de si vaya a conseguir algo, pero de lo que si estoy seguro es de que tenía que venir". En cuanto dijo eso, supe de inmediato de que, si me permitía ayudarle, el cambio saldría en marcha automáticamente.

Fue una de esas experiencias maravillosas y determinantes, en las que nos bombardeamos con preguntas y respuestas que iban y venían como pelotas de ping-pong. Era como si algo en él dijera: "Por favor, sácame esto del cuerpo, déjame hablarlo, que ya quiero soltarlo".

Por medio de preguntas y respuestas, el uso de herramientas y técnicas, y mi experticia y formación en trauma y abusos, pude ayudar a Clive a crear un espacio en su ser que iba más allá de sus palabras. Al finalizar la sesión, lucía como un joven renovado, hermoso e inocente que acababa de deshacerse de eones, episodios de dolor, traumas y cargas durante esos 10 años en los que había sido violado y sodomizado. Cada vez que Cuando esta sesión, no recuerdo su dolor sino su esplendor y belleza. En menos de 45 minutos, liberó algo que había llevado en su cuerpo durante décadas.

Cuando nos proponemos a soltar, con las herramientas adecuadas y la asesoría correcta, podemos cambiar considerablemente en un corto plazo. Pero si te afianzas a la desesperanza, más bien, te bloqueas y encierras en tu jaula de abusos. Fíjate como Clive se presentó a una clase sin saber nada de ella, pero sabiendo y reconociendo que quería ir más allá de sus limitaciones, y se permitió ese regalo en el proceso. Me confesó que ahora experimenta una libertad y un espacio más allá de lo que jamás haya sentido o imaginado.

RECIBIR

Una vida más allá de los abusos significa permitirse recibir aún más y constantemente me hacen muchas preguntas sobre cómo hacerlo. Pues esta es la respuesta: es como montar en bicicleta o ir al gimnasio, es decir, es un músculo que tienes que seguir estirando y trabajando. Es una experiencia en la que necesitas algún entrenamiento al principio. Hay cosas que puedo recibir muy bien ahora, pero tuve que aprender al principio ese don de poder recibir.

La idea del don de recibir se distorsiona a través de los ojos de alguien que ha sido maltratado. En mi caso, lo que creía que era recibir era en realidad que alguien me juzgara o me dijera "vete a la mierda". Lo que creía que era recibir era que alguien me denigrara hasta el punto de llamarme estúpida o algunos de los apodos degradantes que me ponía mi familia. Lo que yo pensaba que era recibir era ser violada, ser agredida sexualmente, o ser insultada por parecerle pesada a los demás. Eso es lo que significaba para mí recibir y en eso basé mi cotidianidad durante mucho tiempo, Entonces, ¿cómo aprender a recibir cuando tus percepciones en torno a ello han sido flageladas y retorcidas?

No hay nada de malo con sentirse ligero.

Hay una regla de oro para recibir:

No hay nada de malo con sentirse ligero.

Si tu cuerpo siente algún tipo de intensidad, carga, o constricción, si bostezas o te disocias, o quieres alejarte de alguna persona, eso quiere decir que no estás recibiendo a plenitud. Por ejemplo, alguien puede tratar de forzarte a algo que no deseas hacer. En ese instante, tienes la opción de recibir lo que es ligero y correcto para ti. Cualquier cosa que te resulte pesada o densa, ponle fin y acaba con ello. Esa será la primera acción más importante que hagas para poder recibir.

Expándete para que recibas más aun

La segunda lección sobre el don de recibir es abrirse más allá de los límites establecidos. Imagínate expandiéndote para recibir el amor y cuidado en cada músculo, ligamento, célula, tendón, órgano de tu cuerpo, incluso cuando oigas esa vieja voz familiar que te susurra y repite que no mereces nada o que eso no es para ti. Resulta una práctica positiva para poder recibir más aún. Es totalmente diferente a los viejos patrones energéticos, tales como la necesidad y el absorber la energía mala de otros. Se trata de tener certeza de que la recepción no se va a volver contra ti, como tal vez haya ocurrido en el pasado. Cuando hay traumas en nuestra historia, debemos hacer un trabajo extra para recibir el amor que está ahí esperando por nosotros y que vale muchísimo la pena. Recibir es un regalo que tú y tu cuerpo se merecen a totalidad.

Si no tienes una relación sentimental actualmente, puedes practicar el don de recibir en otros ámbitos como en las finanzas, la comida, hacer ejercicios, o incluso, en el cuidado de tu cuerpo. Hay muchas formas en las que podemos expandirnos para recibir:

- Salir a caminar.
- Tomarse un día libre y dedicárselo a uno mismo.
- Darse un masaje.
- Comprarse algo que siempre se ha querido, pero que se ha estado negando.
- Prepararse una comida saludable.
- Empezar un pasatiempo que siempre haya gustado.

Todas estas cosas son formas de recibir. Y como bien se ha explicado en todas las prácticas de este libro, no son cambios que suceden de la noche a la mañana

- ¿Cómo puedes recibir más cada día?

- ¿Y cómo puedes expandirte en este momento para recibir abiertamente los regalos que están a tu disposición?
- ¿Y qué tal si hoy, dejaras derribar tu jaula y te libraras de tu puercoespín invisible?
- ¿Y qué tal si hoy, te abrieras y expandieras para que el Universo te muestre algo maravilloso y grandioso?

En resumen, nos abrimos hacia una nueva forma de ir más allá de nuestro historial de abusos y de iniciar una nueva y trascendental conversación de esperanza y así lograr la anhelada transformación. Y en este capítulo, hemos empezado a tocar esa conversación, y en los capítulos siguientes aprenderás más herramientas prácticas para que puedas ir más allá de una simple conversación y se convierta en algo que puedas seguir materializando en tu vida.

10

HERRAMIENTAS PARA EL CAMBIO

Liberarse de la jaula invisible de abusos es todo un proceso. Como hemos dicho anteriormente, no es algo sencillo que sucede de la noche a la mañana, ni es un truco que se resuelve y ya, por mucho que nos gustaría que así fuese. Algunas terapias aun creen en estas teorías, pero es un mito de sanación que nos han vendido durante mucho tiempo y muchos de nosotros las hemos creído, pero según mi experiencia, no funcionan. Puede que adelantes un paso, pero vuelves de inmediato a la jaula. Así que, antes de continuar, me quiero asegurar de que elimines tus zonas erróneas con respecto a tu viaje de sanación personal. Si permites sanarte de la jaula desde un lugar sin prejuicios, el viaje será mucho más manejable.

ENCONTRAR UN LENGUAJE PARA LOS ABUSOS

He descubierto que una de las formas de empezar a salir de la jaula de abusos es entablando una conversación que te permita ir más allá de la vergüenza de lo ocurrido. Hay un término en psicología que se llama "alexitimia", que es la incapacidad de identificar las palabras y los sentimientos que se relacionan con tu experiencia de abuso. ¿Cuántas veces te has dado cuenta de que cuando has abierto la boca para hablar de ello, no te han salido las palabras? Esa es precisamente la parte que no has sido capaz de expresar y articular, esa voz que puede guiarte a salir de la jaula.

LAS 3 ETAPAS DE LA ELECCIÓN

Tal vez hasta ahora durante el proceso, te estés llevando bien con tu historial de abuso, o por lo menos mejor. La siguiente etapa consiste *en darse cuenta* de que efectivamente, te estás llevando bien con tu historial de abuso. La siguiente etapa es *dejar de definirte* a través de ese historial. El proceso se define así:

1. No sabías que había otra opción.
2. Te di cuenta de que había otra opción, pero no sabías cómo tomarla.

3. Te diste cuenta de que había otra opción y
   pasaste a la acción.

El tercer paso es en el que nos enfocaremos en este libro, que es el de salirnos de la jaula y entrar en el modo de vivir radicalmente.

ADELANTARSE AL ABUSO

Uno de los elementos clave para sanar el abuso es recordar cómo eras antes de que se produjera, lo que podría involucrar tanto a la memoria como a la imaginación. Digo ambos porque, dependiendo de la edad en la que se produjo, se podrían tener recuerdos claros o no. Mas, sin embargo, también se tiene que usar la imaginación para visualizar quiénes éramos. Una vez que somos capaces de hacerlo, comenzamos a deducir nuevos recuerdos de sentimientos como la seguridad y el amor.

En mis talleres, permito que los pacientes se remonten a un espacio y tiempos previos a las experiencias de abusos y comulguen con las moléculas de su cuerpo desde ese lugar. Ello permite recordarse a sí mismo a nivel molecular como el ser magnífico que eras antes de que ocurrieran las experiencias traumáticas. Quiero llevarte al antes de que fueras perpetrado, y al antes de que la jaula te atrapara y cogiera desde dentro de su visión distorsionada de la realidad. Es aquel lugar que existía antes del negativismo, la autodefensa, disociación y desconexión, los cuales han sido tus combustibles todo este tiempo y desde donde funcionabas con los sistemas de respuesta automática y alerta roja.

Pero la verdad es que existe una perfección en ti que yace fuera de tu visión actual, y no me refiero a esa clase de 'perfección' estereotipada, en todo caso, hablo de aquella que va más allá de tus defectos y que viene desde un entorno de armonía, en vez desde uno de separación. Me refiero a que te muestres al mundo con el sano conocimiento de que el universo te respalda, así estés al tanto de que nunca lo hayas experimentado, te recomiendo que te expandas más allá del pensamiento del "no puedo" o "no lo haré" o "todos lo logran menos yo".

En el capítulo cuatro, hablamos de la mimetización biomimética, y de todas las formas en las que has asumido el dolor de otras personas como propio. Hasta ahora, todo este proceso lo has vivido dentro de una burbuja y para que funciones desde la verdadera armonía, debes rescatar el lugar y tiempo que te devuelvan fuera de los límites de esa burbuja. Mira y recuerda los valores del amor, aceptación, paz mental, nutrición del alma, seguridad y conexión, que son esos espacios dinámicos que te vibran *y bailan* en armonía, libertad, y en consciencia plena.

Confía plenamente en la alegría y abrázala.

Descubrirás que empezarás a danzar en ella.

— *RALPH WALDO EMERSON*

Ese ser humano increíble, y quien realmente eres es el que sabe, percibe y recibe. Es esa seguridad y conocimiento pleno y profundo de que no hay nada malo en ti y nunca lo ha habido. En todo caso, lo único que ha sido malo o dañino es que has vivido en una historia de encarcelamiento, dolor y trauma, que te ha encapsulado en una jaula maligna e invisible de abusos. De manera que lo que está realmente mal es la desconexión con tu propio ser, ese que funciona y predomina desde tu verdadera naturaleza innata.

UN CASO DE ESTUDIO: EMMA

Cuando estuve con Emma, le pregunté cómo era la relación con su cuerpo antes de sus experiencias de abuso y me respondió que se sentía libre, ligera y le gustaba juguetear. Recordaba lo creativa y segura de sí misma que se sentía en aquella época. De niña, creía que había magia en la punta de sus dedos y que podía hacer cualquier cosa que soñaba o se proponía, pues gozaba a plenitud de su inocencia infantil.

A medida que se adentraba más hacia ese espacio a nivel molecular, sentía que podía correr libremente y recordaba no tener ningún tipo de preocupación, podía generar y crear cualquier cosa que quisiera. Sintió todo esto como una experiencia real, y provocó un cambio correspondiente en su relación con su cuerpo.

Un punto clave para entender que las moléculas existían antes de su experiencia, es decir, nunca desaparecieron ni se las quitaron. Cuando no entendemos esto, pensamos que tenemos que encontrar algo que se nos ha perdido, pero lo cierto es que no se ha perdido nada, es sólo que han estado ocultas y esquivas bajo la sombra del abuso, al igual que todo lo que decidiste como resultado de este, incluyendo las ideas sobre cómo superarlo, sanarlo y modificarlo.

EJERCICIO ENERGÉTICO: COMUNIÓN CON LAS MOLÉCULAS

Permítete volver a un momento en el que tu cuerpo vivió en el espacio de descanso, nutrición, seguridad, amor y aceptación. Es ese espacio de la verdadera comunión, donde se conoce que el universo te da la mano y siempre querrá amarte, apoyarte y contribuirte.

Menciona en voz alta un tiempo, edad o lugar antes de que ocurriera tu experiencia de abuso. Para llegar a ese espacio de comunión, debes expandirte y abrirte a la posibilidad de que, efectivamente, ha habido ese espacio antes de que tal evento ocurriera.

Permite que tu cuerpo se expanda más allá de ese sentimiento. Después, haz alguna actividad que coincida con tal sentimiento, puede ser algo tan básico y simple como: tomar un baño caliente, encender una vela, escuchar música, caminar por la naturaleza o jugar con tu mascota.

Te recomiendo que hagas este ejercicio al menos una vez al día. Observa si hay cambios en tu energía mientras lo haces: ¿Sientes una brisa fresca o te sientes algo más ligero? Si sientes, aunque sea un ligero cambio, eso quiere decir que estás experimentando la comunión antes y más allá del historial de abuso.

Recuerda que sanar de los abusos según este modelo implica elegir superar los problemas retrocediendo antes de que ocurrieran y ello puede parecer imposible o incrédulo al principio, pues los eventos y experiencias han estado ahí durante mucho tiempo y nunca se han podido desgarrar. Por lo tanto, es necesario un cambio radical de perspectiva para abrirte a la posibilidad de sanación y superación.

ACTIVIDAD. EJERCICIO: ELEGIR DISTINO

¿Has visto la película *El Día de la Marmota* en la que el protagonista vive el mismo día una y otra vez? ¿Cómo has vivido tú el mismo día una y otra vez?

¿Qué te haría falta para poder elegir más allá? ¿Cómo podrías elegir distinto?

Superar y deshacernos de la jaula es descubrir y decretar de que eres y vales más que tu propio historial de abusos. Es decir, está tu 'yo' separado del abuso y del abusador y hay un 'yo' más allá de todo lo que te ha pasado. Y esa es una elección de ir más allá de cualquier cosa que hayas decidido o pensado hasta ese momento y ello permite que el abuso pase a un segundo plano y abra el espacio que te genere y cree tu verdadero entorno cotidiano.

Los siete siguientes pasos te apoyarán en este proceso para que definan esa realidad auténtica y distinta. Ten en cuenta que cada paso que das está relacionado y conectado, así que no esperes marcarlos como si se tratara de una "lista de cosas por hacer", no se trata de eso, cada paso dado es un punto de luz en tu consciencia que te da más opciones a medida que vas avanzando en tu viaje para liberarte.

Paso uno: Asume que vives en una jaula y reconoce el hecho de que no te está funcionando ni beneficiando.

Paso dos: Elige mirar y aceptar tu jaula en vez de negarla.

Paso tres: Toma la decisión de liberarla y que vas a cambiarla y modificarla.

Paso cuatro: Busca apoyo y comparte tu historia, recuerda que eso es diferente a compartir el dolor, encuentra a alguien que te empodere, con quien te sientas cómodo y puedas compartir: "esto es lo que está pasando, ¿cómo puedo superarlo?". Con ese apoyo, puedes empezar a construir y desarrollar tu consciencia.

Paso cinco: Conecta con tu capacidad creativa recordando e imaginando cómo eras antes de que sufrieras los abusos. Había y hay algo mágico en ti que se sobrepone a tu historial de abusos.

Paso seis: Está dispuesto a dar rienda suelta a tu creatividad y brillo, arriésgate a dar el salto a nuevas expectativas, proyectos y formas de ser.

Paso siete: Sé tú mismo: genuino, firme, libre y sin censura. Así vivirás más allá de tus experiencias pasadas, más allá del flagelo de tus traumas.

ACTIVIDAD. EJERCICIO: ¿DE QUÉ SOY CONSCIENTE?

Analiza las siguientes preguntas:

¿Qué consciencia tengo ahora que no me deja reconocer si pudiese cambiar mi realidad ahora?

¿De qué soy consciente antes de mis experiencias de abusos? ¿Cómo era yo antes?

¿Qué me gustaría crear o ser ahora?

¿Qué puedo elegir ahora que me lleve más allá de la vieja historia de abusos y que me inspire a una posibilidad diferente?

En resumen, hemos explorado herramientas de cambio que ayudan a construir una mayor consciencia de tu verdadero yo, un yo que nunca ha sido herido por lo que te ha sucedido, pero que ha sido enterrado bajo tu historial de abusos. Y ese yo, que es el yo mágico, sólo espera a que lo reconozcas. Esto coloca al poder de elección en tu ahora y al alcance de tus manos. Ahora estarás eligiendo vivir radicalmente.

11

ACTUALIZAR TU SISTEMA OPERATIVO SUBCONSCIENTE

¿Te has dado cuenta lo que ocurre cuando no actualizas el sistema operativo de tu computadora? Los archivos viejos, obsoletos y corruptos obstaculizan seriamente su rendimiento y funcionamiento. Lo mismo ocurre con tu mente subconsciente.

Hay muchos sistemas de respuesta condicionados basados en creencias que se alojan y se bloquean en nuestro cuerpo cuando hemos experimentado abusos o traumas, de modo que, de repente, cada situación puede convertirse en un desencadenante y una reacción, en lugar de una respuesta y una elección. Cuando actualizas tu programación subconsciente, estás liberando el pasado para que puedas generar y crear en el presente.

. . .

Liberarse de las mentiras

Debes tener muy claro que son tu propia psicología, mentalidad y sistemas de creencias lo que te crean las mayores mentiras y retos, establecen reglas y conductas que no sólo te desconectan aún más de lo que eres y del entorno que elegirías vivir libremente, sino que también afectan a la forma en que tu realidad externa se muestra en ti.

Esto se convierte en una experiencia supuestamente satisfactoria que te "demuestra" que nunca podrás vivir más allá de tu historial de abusos y que nunca serás ese ser fuerte, luminoso y fenomenal que realmente eres.

La pregunta es:

- ¿Cuánto más abuso necesitas crear y sufrir?
- ¿Cuánto o cuando va a ser suficiente?
- ¿Cuándo elegirás no seguir viviendo las mentiras que has aprendido a encarnar como tu realidad?

EJERCICIO. ACTIVIDAD: TOMAR CONSCIENCIA DE LAS MENTIRAS

Escribe ahora mismo 10 cosas que sabes que has creado en tu vida y que están basadas en mentiras. Míralas desde varias perspectivas: relación con tu cuerpo, estabilidad financiera, en tus relaciones, carrera o trabajo, la forma en que te hablas a ti mismo, cómo interactúas contigo y con los demás.

Recuerda que este es un ejercicio de consciencia, no de auto-juicio.

Más allá del prejuicio a uno mismo o a los demás

Cuando te juzgas a ti mismo, te encierras aún más en lo supuestamente incorrecto o negativo de ti. Pero hay un gran consuelo en saber reconocer lo equivocado que estás con esos conceptos de sentirte malo u horrible, etc. Y esa es la *verdadera* epidemia y el caldo de cultivo para que sucedan más abusos, a su vez que te mantiene privado, limitado y sintiendo que nunca podrás aspirar más de lo que eres ahora.

EJERCICIO. ACTIVIDAD: MIRAR EN LOS PREJUICIOS

¿Cuántos prejuicios tienes con respecto a si eres malo o que todo te sale mal?

¿Cuántos prejuicios tienes sobre ti mismo como, por ejemplo, pensar que no sirves para nada o que estás hecho pedazos y no vales nada?

¿Cuántos de estos prejuicios se han apalastrado en tu posición de "retroceso", haciendo que permanezcas inmovilizado más allá de tu historial de abusos, para que siempre vuelvas a la comodidad y seguridad que ya conoces?

Observa cómo o dónde te resuenan estas preguntas. Dondequiera que lo sientas, es donde tienes marcados y desarrollado tus prejuicios.

Cuando juzgas a otra persona, en realidad lo que estás haciendo es defenderte, desconectándote, negándote y disociándote de lo que no estás dispuesto a ver en ti mismo. Esto se debe a que los demás te reflejan lo que estás juzgando dentro de ti, y, por ende, te mantiene encerrado en una visión limitada de lo que realmente eres. Así que cada vez que señalas con el dedo lo que pasó anoche, o la semana pasada, o el mes pasado, o hace 20 años, en realidad, lo que estás haciendo es negarte, disociándote, desconectándote y defendiéndote de algo de lo que no quieres o te quieres hacer responsable. Por eso es tan difícil dejarlo pasar y, a su vez, es lo que te hace quedar atrapado constantemente en tu jaula.

Como los prejuicios consisten en quitarte valor y repudiar a tu verdadero yo, que es el que precisamente tú quisieses rescatar, entonces infliges o proyectas esos prejuicios sobre otro para aliviar la presión que sientes. Sin embargo, esa no es la única forma de aliviar esa presión. Para poner un ejemplo, cuando trabajo con un paciente, le manifiesto a que entregue esa presión, esos prejuicios a la madre Tierra con la máxima energía posible. También puedes liberar tus prejuicios gradualmente. Sin embargo, tengo la sensación de que, si has estado acostumbrado toda una vida a juzgarte a ti mismo, tiendes a buscar y esperar por cambios agigantados porque crees que algo debe cambiar de la noche a la mañana. Pero el éxito sólo llega un paso a la vez, con un grado de cambio a la vez.

EJERCICIO. ACTIVIDAD: LIBERAR TUS PREJUICIOS EN LA TIERRA

Los prejuicios te alejan y te desconectan de tu cuerpo, así que el primer paso para superarlos es reconectarse. Siéntate en un espacio tranquilo, cierra los ojos y respira profundo varias veces. Respira por la boca para conectar con tu mente y cuerpo. Expande tu energía hacia y por la madre Tierra. Agarra cualquier objeto pesado que encuentres y lánzalo a la tierra inhalando tu respiración profundamente. Lo que estás haciendo ahora es una ofrenda a la madre Tierra y al ofrecerle tus prejuicios, liberas tu cuerpo de la densidad y carga que impide que la libertad, el espacio y la verdad sean tu realidad. La madre Tierra es el espacio donde el prejuicio no reside.

Todo lo que damos y aportamos a la madre Tierra desde nuestro ser es consumido por ella y lo convierte en combustible que ella misma regenera, ella la toma de nuestros cuerpos para que no tengamos que cargarlo más, y lo convierte y utiliza para el bienestar de ella. Así es la madre Tierra de sabia y generosa, devolviendo y sacando todos tus prejuicios para su beneficio y contribución. Tal vez estos prejuicios provienen de:

- Tus padres, hermanos, abuelos o tíos
- Tu relación con tu cuerpo en general, por ejemplo, alguna cicatriz, dolores o molestias crónicas
- Las personas que han abusado de ti.

Permite que se vayan todos, suéltalos; ofrécelos a la madre Tierra como un regalo y una contribución. Luego tráete y arrastra esa energía de vuelta, pero libre de prejuicios, pues regresan puros y limpios desde la madre Tierra. Entonces, permítete recibir de la madre

Tierra, expande tu consciencia ahora y notarás de inmediato lo que siente tu cuerpo. ¿Te sientes más ligero o pesado? ¿Sientes más espacio o menos?

Puedes liberar tus prejuicios a la madre Tierra cuantas veces quieras, hasta que logres sentir esa sensación de paz y percibir ese mundo lleno de oportunidades y posibilidades.

Generar desde el pasado

Cuando te sigues aferrando a la toxicidad de tu pasado, continúas viviendo y actuando en la versión anterior o más joven de ti que fue abusada. Cuando has sufrido abusos, las típicas respuestas y/o interacciones humanas positivas se sienten diferentes o distantes, como si no te pertenecieran o no pudieses alcanzarlas. Entonces, cualidades como la amabilidad puede resultar extraña, la gratitud o generosidad pueden parecer incómodas o agobiantes y el amor puede parecer hasta peligroso.

Las diversiones o jugueteos pueden haber desaparecido de tu vida debido a los shocks y traumas que has experimentado, los sientes ajenos y tal vez ni siquiera sabes que existen y los has sustituido por los nervios, estado de alerta, autocontrol y rigidez. Todo se limita en obligaciones, pierdes la espontaneidad y, con ello, limitas tu capacidad de progresar en tu vida.

- ¿Cómo se superan los traumas de abuso?
- ¿Cómo actualizas tu subconsciente y sustituyes las viejas creencias basadas en el historial de abusos, por otras nuevas que te reconecten con vivencias emocionales más positivas?
- ¿Cómo redescubres valores y cualidades en ti como gratitud, bondad y amor nuevamente?

Cuando intentas abrazar aspectos positivos de ti, como el amor o jugueteo, o la generosidad de tu espíritu o gratitud, puede que pienses o sientas: "No sé cómo hacerlo". Es muy parecido a cuando tu computadora te muestra el mensaje "archivo no encontrado". Después de todo, si has vivido durante las dos últimas décadas o más desde un lugar de alerta todo el tiempo y en autocontrol, ¿cómo sabrías cuál es el siguiente paso?

Actualizar tus creencias

Si ves a tu computadora llena de polvo, vas y la limpias con un trapo y aerosol. Pero cuando se trata de nuestro mundo interno, convivimos con ese polvo ahí sin hacer nada y eso lo llamamos familiaridad o zona de confort. Pero cabe destacar que la mayoría de las veces esa zona de confort nos resulta incómoda y, mientras tanto, nos sentimos bloqueados e inhibidos, ahuyentando al posible bienestar que nos ofrece la vida. Comentas que eres feliz, pero es una falsa sensación de felicidad, pues yace en la superficie y no en lo más profundo y oscuro de tu ser. Cuando afirmas eso, al mismo tiempo estás tomando pastillas para la depresión, o realizas otras actividades que te hacen desconectar, o evitas y evades lo que realmente sientes por dentro.

Para vivir la vida de elegir conscientemente, esa vieja programación arraigada en las experiencias de abuso debe ser limpiada, despejada y reemplazada, de lo contrario, sólo seguirás en ese círculo vicioso, golpeando con la misma piedra, luchando en vano todo el tiempo. Y así no se superan los traumas batallando todo el tiempo.

Se supera el abuso aprendiendo a elegir de forma diferente: cuando eliges vivir con armonía, unión e integridad impecable.

Paso uno: Tomar consciencia

Al igual que la serie de conceptos que te he presentado en este libro, el primer paso es la toma de consciencia. Cuando le pregunto a la gente si sabe cómo redescubrir la gratitud, bondad y amor en sí mismos, algunas personas responden que nunca lo han sentido o tenido. Sin embargo, así tus experiencias de abusos hayan sucedido apenas nacieras, ya pasaste al menos varios días en los que experimentaste no ser abusado. Por lo tanto, hubo momentos en los que si experimentaste gratitud, bondad y amor. Tal vez, en total hayas experimentado vivir más en estado de alerta y dominio, pero hubo algún momento, algún lugar dentro de ti, en el que ya existías más allá de tu historial de abusos.

Paso dos: Reconocer la desconfianza

El segundo paso es reconocer cuánto desconfías de los demás. El escepticismo y los prejuicios mantienen a la jaula en su santo lugar y opera con sus mismas funciones. La desconfianza, el escepticismo, los prejuicios, el estado de alerta, el dominio, control y falta de movimiento, forman las otras paredes de tu jaula, las cuales te mantienen cautivo y limitado.

Paso tres: baja tus barreras

Para reemplazar la programación subconsciente que mantiene a la jaula en su sitio, tendrás que bajar tus barreras. Se necesita una profunda determinación a la que me refiero como "tenacidad de consciencia" para decir "no" a la forma en que tus traumas se mantienen en tu mente y se almacenan en tu cuerpo. Tienes que empezar a dejar de lado esas decisiones, prejuicios y conclusiones que tomaste en aquel entonces, cuando empezaron esos eventos. Recuerda que fueron creadas para ayudarte en ese entonces, pero ya son parte de una programación retrograda y obsoleta, es decir, ya no te ayudan.

EJERCICIO. ACTIVIDAD: TOMAR CONSCIENCIA

Toma nota de las situaciones, experiencias, momentos, lugares, personas y dinámicas

de tu vida en las que deseas abrazar la bondad, amor y jugueteo, pero cuanto más lo deseas, más luchas y presionas en contra los barrotes de la jaula.

¿QUÉ AMAS DE TU JAULA?

Parte del proceso de superar la atadura de la jaula es admitir que hay una parte de ti que "ama" la familiaridad y la comodidad en ella. Y digo esto, por supuesto, sin juzgar. A nada ni a nadie. Los seres humanos seguimos haciendo y repitiendo lo que nos gusta. Pero ¿Qué es lo que amas de combatir en una lucha?

- ¿Te siente más seguro?
- ¿Te da miedo ser vulnerable?
- ¿Te preocupa que hacer algún cambio perjudique a los demás?
- ¿Eres capaz de tolerar la incertidumbre cuando piensas en el futuro?

Estos son los tipos de ideas o creencias que se interponen en el camino de ir desplazándose hacia adelante, ese de tomar riesgos y de hacer cosas diferentes. El problema es que la misma dinámica una y otra vez te lleva a juzgarte a ti mismo. Y esto a su vez te lleva a separarte de los demás, lo que a su vez crea una desconexión con ellos.

Mientras haya algún beneficio en mantener esos viejos archivos y no vaciar tu papelera, estás garantizando que siempre serás una víctima de tu pasado y estarás encerrado en tu jaula y así continuarás con los patrones y conductas que te han llevado a dónde estás hoy. Nunca te permitirás ir más allá de un estado limitado de tu realidad y esto te mantiene completamente atado con tu experiencia abusiva.

Así que, si no actualizas tu sistema operativo subconsciente, seguirás allí como apalastrado esperando sentado a que ocurra. Y así no te das cuentas que te estás creando una vida desastrosa, apartando las buenas finanzas de tu vida o siguiendo inestable terminando con otra relación sentimental.

TU SISTEMA DE CREENCIAS

Tu sistema de creencias sobre cómo tienes que responder a tu alrededor se basa en lo que has aprendido hasta ahora y se forma desde la perspectiva de los traumas.

- Si llamo la atención, seré abusado.
- Si soy visto, seré abusado.
- Si miro a alguien, seré abusado.
- Si veo a alguien, seré abusado.
- Si salgo, seré abusado.
- Si hago algo que valga la pena, seré abusado.
- Si hablo, seré abusado. Si digo algo, seré abusado.
- Si hago algo que sea diferente, seré abusado.

Cuando todas estas creencias obsoletas siguen dirigiendo tu vida, sigues comportándote como si lo que decidiste cuando fuiste abusado fuera cierto. Es decir, todavía estás funcionando a través de los filtros de cuando eras más joven, y respondiendo desde la programación mental que fue creada hace mucho tiempo ya.

TUS FRECUENCIAS VIBRATORIAS

Esencialmente, tus creencias inconscientes actuales atraen más abusos debido a la frecuencia de resonancia de los mismos, es decir, de tu vibración general, y terminas resonando con los demás en esa misma frecuencia. Pero eso no significa que haya algo malo en ti o que tengas algún defecto debido a que siga ocurriendo. Y aquí es en donde se oye hablar de la tal Ley de Atracción y se confunde pensando que está creando el abuso. En realidad, yo no lo estaba "creando", pero si he estado atrapado en su frecuencia porque las paredes de la jaula que mantenían mi supuesta realidad y toda la información almacenada en mi sistema operativo subconsciente, querían decir que otras personas de una frecuencia similar coincidían conmigo.

Así que de todo lo dicho aquí, si existe algo que resuene contigo, serían tus creencias que te mantienen en conflicto y alejado del modo de vivir radicalmente o incluso con mantenerte presente. Mientras estés funcionando desde el pasado y desde las creencias previas formadas, siempre estarás sintonizado con la frecuencia resonante de los abusos.

LLENA TU MENTE CON LO QUE ANHELAS

Cambiar las creencias significa "fuera lo viejo y bienvenido lo nuevo". Se necesitará mucho trabajo de exploración para saber realmente qué calidad o tipo de vida te gustaría tener y la forma de hacerlo es encontrando ese espacio o lugar de tu vida donde te sientas más feliz.

- ¿Con cuál parte de tu cuerpo te sientes más a gusto?
- ¿Cuándo te has sentido seguro y protegido y vivo al mismo tiempo?

Descubre cuáles serían esas situaciones y empieza a anclarlas en tu cuerpo como nuevas experiencias. Esto te permitirá empezar a construir una nueva base para tu vida desde adentro y a partir de un nuevo conjunto de opciones, todas a tu entera disposición. También puedes empezar a decidir las cualidades que valorarías más, como por ejemplo la bondad, generosidad, gratitud o amor. Por lo tanto, debes elegir experiencias más gozosas, aquellas que le traigan ligereza y expansión a tu cuerpo. Y no te preocupes que será completamente normal si se sienten extrañas al principio.

De modo que, para cambiar tu sistema de creencias, primero tienes que elegirte a ti mismo. Tú eres la prioridad y debes elegir lo que esté más allá de lo que se te ha impuesto o echo creer. Tienes que elegir con una firmeza de consciencia, en modo de vivacidad radical y con presencia tajante. Tienes que elegir y saber decir "no" a lo que no quieres y "sí" a lo que sí quieres.

Y este es el punto que la mayoría precisamente pasa por alto o da por sentado. "Prueban" las nuevas cualidades de alegría y expansión, pero no se sienten a gusto porque simplemente no están acostumbrados a resonar en esas frecuencias. Así que terminan diciendo: "Esto no me funciona", y así vuelven a los viejos patrones y a su zona de confort. Y si eso llegara a pasar, te estás rindiendo de nuevo a los patrones de tu historial de abuso, te estás inculcando de que *no* eres amable, ni generoso, ni agradecido, te estás diciendo que *no* eres amor ni puedes recibirlo. Y te informo y recalco que todo ello es una absoluta mentira.

Ya tú eres bondadoso, generoso, agradecido y amoroso.

La mayoría de los que han sufrido abusos son los seres más bondadosos, gentiles, vulnerables, sabios, inteligentes y hermosos que he conocido en este mundo. Puedes elegir atraer ese espacio verdadero, en lugar de la clase de vida que te han impuesto. Aunque al principio tan sólo sea con un dedo meñique, encuentra alguna parte de tu cuerpo que sepa que es el reflejo de la bondad, generosidad, gratitud o amor, alguna parte que sepa que cuando estás en la naturaleza, con la madre Tierra, en el aire, con el universo, sólo reside la bondad, generosidad, paz y calma. Si puedes hacer esto, empezarás a cambiar tu vida para bien.

Puede parecer ridículo que, de empieces con el dedo del meñique, pero créeme que eso puede resultar un cambio enorme. Te digo que ese meñique es lo único que toca un médico o una enfermera cuando un bebé nace y es el único toque amoroso que esa criatura haya tenido. Sé que estoy utilizando un ejemplo extremo, pero lo que sucede es que a veces trabajo con personas que dicen nunca haber experimentado un toque amoroso en su vida. Y aunque esto pueda parecer cierto, también debemos ser capaces de aprovechar las expresiones más simples y diminutas de amor, alegría y gratitud que ya hemos conocido, y expandirlas y aprovecharlas para que se integren a nuestras vidas, en lugar de ahuyentarlas como ocurría anteriormente. Es indispensable encontrar el entorno en donde estas cualidades existan como espacio de autenticidad y así capitalizarlo.

EJERCICIO ENERGÉTICO: EXPANDIR TU ENERGÍA Y CONSCIENCIA EN TODO TU SER

Una vez que descubres ese espacio en tu cuerpo y sabes quién eres realmente, lo que haces es permitir que esa parte te sonría. Inclusive si fuera tan sólo un segundo de una caricia amorosa que recibiste cuando eras un bebé, deja que eso se expanda hacia tu siguiente dedo y se expanda hacia el siguiente dedo, y al siguiente, y al pulgar, y luego a la mano, y luego permite que suba por el brazo, etc.

Aunque no recuerdes haber recibido una caricia amorosa de otra persona, recurre a tus propios recursos. Comienza a pensar en todos los momentos de tu vida en los que te sentiste feliz y libre, y sintoniza con tu bondad, generosidad de espíritu, gratitud y el amor innato que realmente representas más allá de lo que hayas experimentado. Expándelo, hasta que se vuelva gigante. Entonces, ya no sólo será el meñique, ahora serán tres cuartas partes de tu cuerpo. Y luego, con el tiempo, se convertirá en todo tu cuerpo.

Con la práctica, mucha práctica, te darás cuenta de que tienes un nuevo sistema operativo, basado en las virtudes de lo que realmente eres molecularmente.

. . .

En resumen, hemos explorado cómo tus sistemas de creencias han estado dirigiendo tu programación mental. Y para cambiar lo que hay en tu sistema operativo subconsciente, tienes que hacer un esfuerzo consciente para darte cuenta de los viejos programas y patrones que te dirigen y así eliminar esas creencias obsoletas que ya no te sirven ni a ti ni a la vida que anhelas. Entonces, tienes la opción de decidir qué creencias prefieres que te acompañen para ser todo lo que anhelas y así elijas expresar, y empezar a inculcar estas nuevas cualidades y experiencias, sin importar lo extraño o complicado que te parezca al principio. A partir de ese momento, estarás preparado para abrazar y vivir radicalmente.

VIVIR RADICALMENTE

No me considero una víctima ni sobreviviente, ni siquiera soy sufrida que me la paso en lamentos. Elijo vivir radical y orgásmicamente, con una presencia firme e integra tanto en lo interno como externo. Soy catalizador que genera y crea mi realidad desde lo que me nutre, me divierte y beneficia. No permitiré nunca más que nadie ni nada elija por mí y eso es una elección firme y contundente, no me uno a la etiqueta de sentirme víctima, sobreviviente ni sufrida.

Hasta ahora, has estado viviendo en un estado moribundo por causa de las experiencias de abusos. Pero ahora, es el momento de cambiar a algo completamente diferente, de vivir radicalmente, a través de las ideas y conceptos presentados aquí, que son todos posibilidades y oportunidades reales y factibles.

Vivir radicalmente no significa que a veces no sentirás ira, o tristeza o cualquiera de los sentimientos que experimentamos normalmente. Mas bien, significa que te sentirás cómodo expresando todas esas emociones y que tendrás acceso a mayores expresiones en todos sus ámbitos.

Imagina tener una vitalidad avasallante pero que está cautiva en la rabia o tristezas no expresadas, toda esa magia que está apagada por sentir vergüenza, o toda la sabiduría que se aniquila por el miedo; imagina que todo ello esté disponible allí a tus pies. Al vivir radicalmente, ya no te obligas a controlar tu mundo para sentirte seguro, o limitarte y bloquearte en tu relación contigo mismo, tu pareja, tu trabajo o tu cuenta bancaria.

Así que la primera pregunta es: ¿estás dispuesto a cambiar y a ser tú?

¿Estás dispuesto a ser tú?

Conócete a ti mismo.

— ANTIGUO AFORISMO GRIEGO INSCRITO EN EL TEMPLO DE DELFOS

Ser tú significa conocer la verdad sobre ti, más allá de tus roles, obligaciones, género, educación, licencias o certificaciones, trabajo o quién sea con quien interactúes. Significa elegir ser, hacer, tener, generar y crear todo, fuera de lo que otros te hayan enseñado, definido, o impuesto. Este conocimiento profundo de ti mismo - tu verdadero yo - te liberará de los traumas de abusos, te despertará hacia las sensaciones placenteras de vivir en tu cuerpo, y te ayudará a comunicarte con el mismo para así acceder a su sabiduría inherente.

¿Estás listo para recibir los regalos que el universo tiene para ti y así elegir los placeres y un sinfín de posibilidades nuevamente?

¿Qué me niego a ser?

Una de las formas que he utilizado para despertarme de la oscuridad del condicionamiento es preguntarme:

- ¿Qué me niego a ser?
- ¿Qué me niego a ser que, si lo fuese, me hiciese más llevadero de inmediato?

No sé exactamente cómo me ocurrió, pero sí recuerdo que me desperté con la consciencia plena que me decía que estaba eligiendo vivir la realidad de otra persona. Y de pronto me di cuenta de que todo se basaba en los puntos de referencia y patrones que había creado en esta vida, y que me daba una falsa sensación de seguridad o estabilidad. Y esos patrones se basaban en los puntos de referencia de mi familia, crianza, niñez, cuáles habían sido mis vivencias y mis experiencias, etc. Y me di cuenta de que todo ello me hacía infeliz e, inconscientemente, lo que hacía era destruirme más. Entonces, la pregunta es: "¿Quién me niego a ser ahora mismo?" Y el análisis de tu respuesta puede ayudarte a salir de ese ciclo.

Incluso en mi vida actual, cuando noto que no me siento tan viva como antes, me pregunto: Bien, ¿quién o qué me niego a ser ahora mismo? Podría entrar en lo erróneo de mí o en lo mala que soy, que es para lo que nos han programado, pero la realidad es que, si te haces esa pregunta, puedes escapar de los prejuicios y entrar en la capacidad de elección.

EJERCICIO. ACTIVIDAD: ¿QUÉ TE NIEGAS A SER?

Hacerte estas preguntas evitará a que vuelvas a caer en los viejos condicionamientos que crean más ansiedad, insomnio, alejamiento y separación. Tan solo una pregunta te ayudará a crear más conexión y armonía.

¿Te niegas a ser la belleza que hay dentro de ti?

¿Te niegas a ser el orador que podrías ser?

¿Te niegas a ser el escritor que realmente eres?

¿Te niegas a ser el corredor de maratón que sabes que eres?

¿Te niegas a ser el profesor que estás llamado a ser?

¿Te niegas a ser lo que crees que hace armonía contigo o por lo que estás en este mundo para ser?

¿Cómo puedo elegirlo?

Una vez que te has preguntado qué te niegas a ser, el siguiente paso es preguntarte:

- ¿Cómo puedo elegirlo?
- ¿Qué puedo hacer para elegir ser eso ahora mismo?

Pero aún va más allá. ¿Qué pasaría si ya no me permito ocultar mi propio poder?

¿Qué pasaría si nunca te permitieras esconder tu propio poder?

Debes entender que tu poder no se encuentra fuera de ti, sino dentro de ti. En cada instante, cada uno de nosotros puede elegir dar un paso adelante y hacer lo que fuere necesario. Elegimos lo que sabemos que es mejor cada instante, inclusive cuando sabemos o creemos que no sabemos, elegimos de todos modos basándonos en lo que expande nuestras posibilidades. Cuando te das la libertad de elegir constantemente, pasas de morir a vivir radicalmente.

VIVIR MÁS ALLÁ DE TU HISTORIA

Me he dado cuenta en mi propio viaje, que ahora estoy tan lejos de mi historia que ya no la filtro a través de la percepción de los prejuicios. De pronto aparece una felicidad y libertad cuando nos movemos más allá de los prejuicios, pues siempre han estado ahí conmigo y estaba tan acostumbrada a tratar con ellos que los llevaba puestos sin darme cuenta.

Vivir más allá de los prejuicios nos trae una profunda sensación de bienestar y paz y a medida que vamos avanzando en el proceso, sentiremos una comprensión más amplia y razonable sobre las experiencias de abusos.

Es una sensación de que: "No me ha atrapado, no pudo robar mi alma, no pudo quedarse con mi ser. Sigo siendo quien soy y quien era, sólo que ahora soy mejor".

Sí, el abuso ocurrió, y fueron otras manos extrañas que te tocaron y abusaron. Pero cuando eso ocurrió no eras tú realmente. Eran ellos imponiendo un acto que hacían a la fuerza sobre ti. ¿Quién dice que sólo porque haya ocurrido un trauma debes convertirte en algo diferente de lo que eras? Así que, en lugar de ceder tu poder a un acontecimiento o a un abusador que no vale la pena (algo que nunca tuvo nada que ver contigo propiamente) ¿por qué no volver a ser quién eres y quien siempre has sido y darle rienda suelta?

El hecho de que lo llamemos traumas, abusos o TEPT (trastorno de estrés postraumático) y que haya ciertas cosas que se supone debas experimentar, ello, no significa que tengas que hacerlo. Puedes elegir escuchar de forma diferente, percibir, saber, ser y recibir algo distinto. Y ello está en el sentimiento y corazón ferviente de vivir radicalmente.

El perdón

En los viejos paradigmas de sanación, aprendemos a que tenemos que perdonar para sanar. Sin embargo, el perdón más importante es el que te das a ti. Perdonar, en su sentido más básico, significa soltar y dejar ir. Es una forma de decir: "Soy libre y tú también lo eres".

El perdón te pertenece si decides seguir adelante.

Parte de mi viaje ha consistido en dar las gracias a todos quienes me abusaron e hicieron daño, tanto hombres como mujeres, por dejarme tan claro la contribución tan valiosa que puedo hacer en este mundo y como con mi trabajo puedo aportar a que las cosas cambien. Siento tanta bondad, inteligencia, interés y sensibilidad que la puedo esparcir a los demás. Si no hubiese tenido esas experiencias, ni estado dispuesto a elegir esos cambios, tal vez no hubiese tenido las palabras ni el ímpetu para hacer mi programa de radio, o este libro, o trabajar con los miles de personas con quien interactúo. Hoy considero mi vida como una posibilidad de un crecimiento postraumático.

Y no me refiero a que las experiencias de abusos sean necesarias para madurar, me refiero a que nos es posible elegir diferente como lo placentero, sinfín de oportunidades, generar, crear, marcar la diferencia, la difusión de la consciencia, el empoderamiento, el brillo, y realmente llegar al hueco de nuestra propia jaula y hacer brillar una luz que diga: "No más mentiras. ¡No más abusos!". Y así podemos ayudar a los demás a hacer lo mismo.

A menudo les digo a los pacientes: "Nunca es demasiado tarde para cambiar tu infancia, nunca será demasiado tarde para cambiar. Y nunca se sabe lo que pueda pasar con esas personas que abusaron de ti". En mi caso, yo he tenido un cambio profundo con mi madre. Ambas hemos evolucionado y cambiado, lo que nos ha permitido desarrollar una relación maravillosa y amorosa. Es un regalo que nunca hubiese creído que tendría y gozaría. Ahora, a los 50 años, tengo la experiencia de lo que se siente al tener una madre y lo que es el amor incondicional. Es realmente lo que siempre he querido de ella y ahora sucede así y es un gran privilegio. El pasado ha cerrado su ciclo y está resuelto. Lo único que importa es que amo a mi madre y mi madre me ama a mí. Soy libre y ella también lo es.

Es difícil escribir un libro como este. La verdad no es que sea lo más hermoso o reluciente, pero lo cierto es que sanamos, crecemos, evolucionamos y cambiamos cuando hacemos este trabajo y, por lo general, los que han abusado de nosotros también lo hacen. Esta es la gracia de vivir radical y orgásmicamente. Entonces ¿Estás listo? ¿Estás listo para vivir radicalmente?

¡Universo, muéstranos tus milagros y permítenos que todos seamos libres!
¡Así será!

EJERCICIO DE ENERGÍA: EXPANDIRSE HACIA EL MODO DE VIVIR RADICALMENTE

Cierra los ojos y coloca las manos en tu pecho. Respira por la boca 3 veces y di: "¡HOLA, SER! ¡HOLA, SER! ¡HOLA, SER! ¡HOLA, YO! ¡HOLA, YO! ¡HOLA, YO! ¡HOLA, MADSRE TIERRA! ¡HOLA, MADRE TIERRA! ¡HOLA, MADRE TIERRA!" Expande toda esa energía hasta que haga contacto con las cuatro esquinas de la habitación en la que te encuentras y respira profundo. Exhala todo lo que puedas por doquier. Inhala por todo tu alrededor, desde la cabeza hasta tus pies. Repite firme todas las frases anteriores. Repite en voz alta:

"HE CAMBIADO Y SÉ QUE HE CAMBIADO, Y SÉ QUE HE CAMBIADO PORQUE ________________ (rellena el espacio en blanco)". Repite esto 3 veces. Abre los ojos.

Observa cómo te sientes o cualquier cambio en tu energía.

Liberar los traumas de abusos de tu cuerpo

Quienes hemos experimentado historias de abusos, por lo general somos sensibles a las mismas experiencias de los demás, porque sabemos exactamente cómo se siente y afecta. Nuestros cuerpos están programados siempre como en estado de alerta. Es como una antena que sabe, olfatea y siente dónde están los abusos. Aunque no seamos conscientes de ello cognitiva, o visualmente, nuestra memoria celular sí lo está.

Pregúntate
¿Me pertenece toda esta carga que he estado experimentando al percibir el abuso de otros? Y, ¿me sirve seguir sintonizando y experimentando con esta carga a través de todos mis sentidos?

Pues ahora tienes una gran opción, que es la de escuchar esos susurros de todas esas voces, de todo el abuso por toda la eternidad que nos está llamando para seguir adelante. Y lo que es más importante, tendrás la opción de escuchar esos susurros y decir: "No más. Es hora de ir más allá de lo que los abusos me han permitido que gobiernen mi vida". El lema de: "no más abusos comienza contigo y con tu elección en el aquí y en el ahora."

Así que te pregunto… ¿qué vas a elegir?

Y yo te digo:

1, 2, 3, 4 ROAR

¡No más abusos!

La Dra. Lisa Cooney, PhD, LMFT, es pionera en transformación personal y curación de traumas. Se destaca en terapia del alma, coaching de vida y transformación espiritual. Como creadora del revolucionario método Live Your ROAR®, ha transformado las vidas de miles de personas, ayudándolas a superar el trauma infantil y abrazar una "Realidad Orgásmica Radical" (ROAR®). La filosofía de la Dra. Lisa se basa en "¡Lo entiendo!... ¡Pase lo que pase!" y los principios de autodeterminación, compromiso con el crecimiento, colaboración con el universo y creación de una vida de ensueño.